신호등교회 40주년 기념
대표기도문

목차

Content

Prayer 1	2020.01.01 수요기도회 · 정수진 피택시무권사	08
Prayer 2	2020.01.03 월삭 새벽기도회 · 임태선A 서리집사	10
Prayer 3	2020.01.05 주일 낮 예배 · 마창국 안수집사	13
Prayer 4	2020.01.05 주일 낮 예배 · 이병윤 시무장로	16
Prayer 5	2020.01.06 특별 새벽기도회 · 박성자 시무권사	18
Prayer 6	2020.01.08 특별 새벽기도회 · 이미자A 시무권사	20
Prayer 7	2020.01.08 수요기도회 · 고정숙 피택시무권사	22
Prayer 8	2020.01.09 특별 새벽기도회 · 정수진 피택시무권사	24
Prayer 9	2020.01.10 특별 새벽기도회 · 박혜선 서리집사	26
Prayer 10	2020.01.10 금요 영성 치유기도회 · 함희정 서리집사	28
Prayer 11	2020.01.12 주일 낮 예배 · 이충환 안수집사	30
Prayer 12	2020.01.12 주일 낮 예배 · 이철주 시무장로	32
Prayer 13	2020.01.12 제직 헌신예배 · 이병윤 시무장로	34
Prayer 14	2020.01.19 주일 낮 예배 · 심봉기 안수집사	36
Prayer 15	2020.01.19 주일 낮 예배 · 이양모 시무장로	37
Prayer 16	2020.01.22 수요기도회 · 정추순 피택시무권사	39
Prayer 17	2020.01.26 주일 낮 예배 · 박종철 안수집사	40
Prayer 18	2020.01.26 주일 오후 찬양예배 · 이슬 청년	41
Prayer 19	2020.01.31 금요 영성 치유기도회 · 이미자A 시무권사	43
Prayer 20	2020.02.02 주일 낮 예배 · 김종상 안수집사	45
Prayer 21	2020.02.02 주일 낮 예배 · 이병윤 시무장로	46

Prayer 22	2020.02.03 월삭기도회 · 박태연 시무권사	48
Prayer 23	2020.02.05 수요기도회 · 박미향 피택시무권사	50
Prayer 24	2020.02.07 금요 영성 치유기도회 · 박순기 시무권사	52
Prayer 25	2020.02.09 주일 낮 예배 · 오영환 안수집사	54
Prayer 26	2020.02.12 수요기도회 · 유신자 피택시무권사	55
Prayer 27	2020.02.14 금요 영성 치유기도회 · 이재순 시무권사	57
Prayer 28	2020.02.16 주일 낮 예배 · 김연길 안수집사	59
Prayer 29	2020.02.16 주일 낮 예배 · 이양모 시무장로	61
Prayer 30	2020.02.16 주일 오후 찬양예배 · 장혜진 청년	63
Prayer 31	2020.02.19 수요기도회 · 정혜경 피택시무권사	65
Prayer 32	2020.02.21 금요 영성 치유기도회 · 현수화 시무권사	67
Prayer 33	2020.02.23 주일 낮 예배 · 한재석 피택시무장로	69
Prayer 34	2020.03.01 주일 낮 예배 · 이병윤 시무장로	72
Prayer 35	2020.03.08 주일 낮 예배 · 홍정희 안수집사	74
Prayer 36	2020.03.15 주일 낮 예배 · 정종무 안수집사	76
Prayer 37	2020.03.15 주일 낮 예배 · 이양모 시무장로	78
Prayer 38	2020.03.29 주일 낮 예배 · 이병윤 시무장로	80
Prayer 39	2020.04.12 주일 낮 예배 · 한재석 피택시무장로	82
Prayer 40	2020.04.12 주일 낮 예배 · 이양모 시무장로	84
Prayer 41	2020.04.22 수요기도회 · 김미선A 피택시무권사	86
Prayer 42	2020.04.26 주일 낮 예배 · 박종철 안수집사	88

목차

Content

Prayer 43	2020.04.26 주일 낮 예배 · 이병윤 시무장로	90
Prayer 44	2020.05.10 주일 낮 예배 · 이양모 시무장로	92
Prayer 45	2020.05.10 4부 여전도회 헌신예배 · 박태연 시무권사	94
Prayer 46	2020.05.24 주일 낮 예배 · 이병윤 시무장로	96
Prayer 47	2020.06.07 주일 낮 예배 · 이양모 시무장로	98
Prayer 48	2020.06.21 주일 낮 예배 · 이병윤 시무장로	100
Prayer 49	2020.07.01 수요기도회 · 오용숙 서리집사	102
Prayer 50	2020.07.05 주일 낮 예배 · 홍정희 안수집사	104
Prayer 51	2020.07.05 주일 낮 예배 · 이양모 시무장로	106
Prayer 52	2020.07.19 주일 낮 예배 · 이병윤 시무장로	108
Prayer 53	2020.07.22 수요기도회 · 함희정 서리집사	110
Prayer 54	2020.07.26 주일 낮 예배 · 박종철 안수집사	112
Prayer 55	2020.07.29 수요기도회 · 정미옥 서리집사	113
Prayer 56	2020.07.31 금요 영성 치유기도회 · 서귀선 시무권사	114
Prayer 57	2020.08.02 주일 낮 예배 · 이충환 안수집사	116
Prayer 58	2020.08.02 주일 낮 예배 · 이양모 시무장로	118
Prayer 59	2020.08.05 수요기도회 · 이은숙 서리집사	120
Prayer 60	2020.08.07 금요 영성 치유기도회 · 양숙희 시무권사	122
Prayer 61	2020.08.09 주일 낮 예배 · 마창국 안수집사	125
Prayer 62	2020.08.16 주일 낮 예배 · 한재석 시무장로	127
Prayer 63	2020.08.23 주일 낮 예배 · 이병윤 시무장로	130

Prayer 64	2020.09.06 주일 낮 예배 · **이양모 시무장로**	132
Prayer 65	2020.09.18 금요 영성 치유기도회 · **김경선 시무권사**	135
Prayer 66	2020.09.20 주일 낮 예배 · **한재석 시무장로**	136
Prayer 67	2020.09.20 금요 영성 치유기도회 · **김갑순 시무권사**	139
Prayer 68	2020.10.02 주일 낮 예배 · **이양모 시무장로**	141
Prayer 69	2020.10.18 주일 낮 예배 · **한재석 시무장로**	143
Prayer 70	2020.10.21 수요기도회 · **차순종 서리집사**	145
Prayer 71	2020.11.04 수요기도회 · **함희정 서리집사**	146
Prayer 72	2020.11.08 주일 낮 예배 · **이양모 시무장로**	148
Prayer 73	2020.11.11 수요기도회 · **궁인숙 서리집사**	150
Prayer 74	2020.11.20 금요 영성 치유기도회 · **인치길 시무권사**	152
Prayer 75	2020.11.22 주일 낮 예배 · **한재석 시무장로**	154
Prayer 76	2020.11.27 금요 영성 치유기도회 · **이광복 시무권사**	157
Prayer 77	2020.11.29 주일 낮 예배 · **박종철 안수집사**	159
Prayer 78	2020.12.13 주일 낮 예배 · **이양모 시무장로**	161
Prayer 79	2020.12.25 성탄절 예배 · **한재석 시무장로**	163
Prayer 80	장례기도문 · **이병윤 시무장로**	166

발간사 Preface

　신앙 기초 회복운동에 있어 가장 중요한 것 요소 하나를 말하라 하면 당연히 기도입니다. 그래서 기도는 하면 좋고 안 하면 안 해도 되는 것이 아닙니다. 기도는 옵션도, 선택도 아닌 반드시 해야 하는 "기본이요 필수입니다" 왜냐하면 기도는 영적인 호흡이기 때문입니다. 그래서 우리 신앙에 있어 기도 없이는, 기도가 회복되지 않고서는 우리 신앙은 건강하게 잘 자라날 수가 없습니다. 그러면 문제는 "어떻게 하면 우리가 그렇게 힘들어하는 기도, 그 기도를 잘할 수 있을까요?"

　첫 번째, 많이 하면 됩니다. 그저 한번 눈 감고 "하나님 아버지!" 부른 후, '한 두 마디 하고 나서 더 이상 할 말이 없다' 하면 안됩니다. 기도는 많이 해야 합니다.

　두 번째, 자주 해야 합니다. 성경 말씀대로 쉬지 말고 자주 해야 합니다. 성경에 나오는 모든 믿음의 사람들은 하나같이 매일 꾸준히 정해진 시간에, 정해진 장소에 기도를 했습니다. 기도는 자주 하면 잘할 수 있습니다. 그리고 그 기도로 하루가 새롭게 하나님의 인도하심을 받을 수 있습니다.

　그런데 기도는 이렇게 많이, 자주 하는 것도 중요하지만 더 중요한 것이 있습니다. 그것은 바로 **세 번째, 하나님이 원하시는 바른 기도, 응답받는 기도를 해야 합니다.** 아무리 기도를 많이 하고 자주 한다 하더라도 그 기도가 진실하지 못하고 하나님이 원하시는 기도가 아닌 자신의 정욕을 구하기 위한 기도라면 그 기도는 좋지 못한 기도, 바르지 못한 기도이어서 응답이 안 됩니다.

"너희는 욕심을 내어도 얻지 못하여 살인하며 시기하여도 능히 취하지 못하므로 다투고 싸우는도다 너희가 얻지 못함은 구하지 아니하기 때문이요 구하여도 받지 못함은 정욕으로 쓰려고 잘못 구하기 때문이라"(약 4:2-3)

본 책자는 신호등 교회 창립 40주년을 맞이하여 온 성도가 하나님께 기도하는 데 있어서 조금이라도 보탬이 되기를 바라는 마음으로 발간했습니다. 본 책자에 있는 기도의 내용은 교회 창립 40주년이 되는 2020년도 주일 낮 예배, 오후 찬양예배, 수요기도회, 금요 영성 기도회에 예배 기도 대표자들이 한 주간 주신 말씀을 묵상하면서 하나님께 드려진 기도문입니다. 모쪼록 본 기도문을 통해서 많은 분들이 기도하는 데 있어서 큰 두려움이 없기를 바라며 더 나아가 우리의 모든 기도가 하나님이 보시기에 바른 기도, 응답받는 기도가 되기를 바랍니다.

신호등 교회 위임목사 **신 철 호**

Prayer 001

2020.01.01 수요기도회
정수진 피택시무권사

'너희는 복을 받는 자로다' 하신 아버지! 자녀 된 우리와 함께하는 하루하루가 기쁨이라 하신 주님! 주의 은혜로 여기까지 지내 온 2019년 한 해를 감사드리며 2020년의 첫 수요예배를 주님께 올려드립니다. 이 시간 드리는 예배에 마음의 시선을 주님께만 온전히 향하게 도와주시옵소서.

주님! 세상과 벗 됨이 하나님과 원수 되는 것임을 알면서도 하나님보다 먼저 우선순위인 것이 있었고, 여전히 두 마음을 품고 머뭇거리는 어리석음을 용서하소서. 은신처요 방패이신 하나님 말씀에 단단히 매어 주사 마지막 순간까지 말씀의 등불을 켜고 온 맘 기울여 생명의 빛을 따라 걷게 함께하여 주소서.

우리 교회 안에 계시는 하나님! 새해에는 우리 교회가 40주년을 맞이합니다. '다시 새롭게 꿈꾸는 신호등, 이루시는 하나님' 표어로 나아갈 때 더욱더 부흥하고 성장하는 교회, 하나님의 꿈이 우리 교회의 비전이 되게 하시고, 하나님의 영광스러운 그리스도의 옷을 덧입고 아낌없이 온 맘 다해 하나님만 섬기는 우리 교회 되게 하셔서 우리 교회를 통하여 열방과 민족과 이 지역 위에 그리스도의 사랑이 흘러가기를 기도합니다.

주님께서 세우신 담임목사님 영과 육의 강건함과 건강의 축복으로 함께하시고 성령의 기름 부으심과 충만하심 안에서 하나님께 쓰임 받는 이 시대의 영적 지도자가 되게 하옵시고, 오직 복음으로 권세 있고 능력 있는 말씀을 선포하게 하시고, 삶의 모든 순간순간마다 주의 지혜와 영으로 함께 하사 갑절의 영감을 부어주시고, 긍휼의 마음으로 성도들을 돌아보게 하시고, 영적 분별력과 통찰력으로 시대를 분별하여 성도를 일깨워 바른 곳으로 인도하시는, 하나님의 사랑받는 신실한 목회자가 되게 하옵소서. 목사님 가정에는 때마다 일마다 함께 하시는 하나님의 샬롬의 평강이 충만하길 기도합니다.

병중에 있고 회복을 기다리는 환우들을 두루두루 살피사 치유하시고 회복시켜 주옵소서. 신호등의 가정마다 흔들리는 세상에서 하나님만 은신처로 삼고, 말씀 등불 아래 즐거이 노래하며 평안을 누리는 가정들 되게 하소서.

부목사님과 세 분의 전도사님, 주의 일을 하실 때마다 모든 일에 협력하여 선을 이루게 하시고 영과 육이 피곤치 않고 곤비치 않게 붙드시며 성령의 충만한 은혜를 부어주시며 주의 일을 기쁨과 즐거움으로 감당하게 하소서.

말씀을 전하실 부목사님께 준비된 말씀 잘 선포케 하시고 듣는 우리는 들을 수 있는 복된 귀 되게 하사 새로운 한 해를 살아감에 힘이 되고 위로가 되는 말씀이 되게 하사 주님과 함께 걷는 하루하루, 기쁨의 나날이 되게 하소서. 예수 그리스도의 이름으로 기도합니다. 아멘!

부족함이 없게 하려 함이라

인내를 온전히 이루라 이는 너희로 온전하고
구비하여 조금도 부족함이 없게 하려 함이라
야고보서 1:4

Prayer 002

2020.01.03 월삭 새벽기도회

임태선A 서리집사

　사랑의 하나님! 6·7남선교회가 1월 월삭 새벽기도회를 인도하게 하심을 진심으로 감사드립니다. 이 예배가 하나님만 영광 받으시는 예배, 저희가 하나님께 영과 진리로 드리는 신실한 예배가 될 수 있도록 함께하여 주시고, 성령님께서 예배에 임재하여 주시옵소서.

　하나님! 지난 한 해를 돌이켜 보면 하나님의 말씀대로 살아가지 못했음을 고백합니다. 세상의 미혹과 유혹은 강하나 우리의 신앙과 믿음은 너무나 나약하여 쉽게 무너지고 쓰러집니다. 이런 저희를 불쌍히 여겨주시고 용서하여 주시옵소서.

　하나님! 2020년 경자년에는 우리를 하나님 곁으로 못 가게 막는 사탄과 마귀의 계략에서 건져주시고, 새로운 신앙과 믿음이 성장하는 원년이 되게 도와주셔서 올 한 해가 하나님께 영광 돌리는 삶이 되도록, 하나님을 두려워하며 경외하고, 하나님 말씀대로 살아갈 수 있는 한 해가 될 수 있도록 우리 삶을 인도해 주시옵소서.

　작은 신음에도 응답하시는 하나님! 오늘 1월 월삭 기도회에 참석한 성도들 기도에 응답하여 주시옵소서. 각자 하나님께 고백하며 응답받길 원하는 많은 기도 제목들이 있습니다. 기도에 기름 부어 주셔서 성령님이 감동하시는 기도가 될 수 있도록, 하나님이 역사하시는 기도가 될 수 있도록 인도해 주시옵소서. 무엇보다 병마에 시름하여 울고 있는 많은 성도님이 계십니다. 예수님의 옷자락을 만진 여인의 병이 나은 것처럼, 저희도 치유받기 위해 믿음으로 기도하오니, 하나님께서 치유의 손길로 저희를 만져주셔서 하루빨리 병과 싸워 이기는 힘을 더하여 주시옵소서.

하나님! 우리 신호등 교회를 위해 기도합니다. 올해는 우리 신호등 교회가 설립된 지 40주년이 되는 해입니다. 그동안 여러 풍파가 있었지만, 하나님의 은혜로 말미암아 현재까지 교회가 굳건히 세워짐에 감사드립니다. 우리 신호등 교회가 과거의 40년을 넘어 이제는 미래의 40년을 바라보고 더욱더 성장하는 교회가 될 수 있도록 축복하여 주시며, 계양구, 인천시, 대한민국을 넘어 세계 복음사역의 중심지가 될 수 있도록 인도하여 주시옵소서.

복음의 중심지가 되기 위해서 신호등의 미래 세대 양육이 무엇보다 중요합니다. 이를 위해, 신호등 교회 교육부서를 위해 기도합니다. 영아부·유치부·아동부·중고등부·청년부에 속한, 신호등 교회를 책임지고 이끌어 나갈 미래의 주역들에게 비전과 환상을 보여주시고, 우리 아이들이, 학생들이, 청년들이, 하나님께서 이들을 위해 예비하신 모래알보다 많은 계획을 알고, 믿음으로 담대하게 나아갈 수 있는 신앙을 더하여 주시옵소서.

러시아에서 선교하시는 원로목사님과 사모님에게 은혜 베풀어 주시옵소서. 척박한 환경에도 불구하고 노보야 교회를 세우시고 하나님 말씀 전파에 앞장서시는 원로목사님, 건강 잃지 않도록 하나님께서 항상 새 힘 더하여 주시고 이제는 사역을 이어나갈 후임자를 찾고 있사오니, 하나님께서 합당한 사역자를 보내주시며, 이로 말미암아 러시아 복음의 씨앗이 되고 열매가 맺을 수 있는 교회가 되도록 역사하여 주시옵소서.

신호등 교회를 이끄시며 말씀으로 우리를 하나님 곁으로 인도해 주시는 담임목사님, 담임목사님과 사모님께 영육의 강건함을 더하여 주시고, 사역하시는 모든 순간마다 하나님께서 함께하셔서 피곤치 않게 도와주시고, 선포하시는 말씀이, 꿀보다 달고 황금보다 귀한 말씀이 될 수 있도록 항상 새 힘을 더하여 주시옵소서. 무엇보다 담임목사님의 목회활동이 어려움 없이 이뤄질 수 있도록 항상 은혜 베풀어 주셔서 귀한 사명 잘 감당하실 수 있도록 축복하여 주시옵소서.

부목사님과 세 분의 전도사님들께도 같은 은혜를 허락해 주시고, 모든 것을 더하여 주시며, 담임목사님을 잘 보좌하여 목회활동에 큰 힘이 될 수 있도록, 또한 주의 길을 걸어가는데 힘들지 않도록 축복해 주시옵소서.

특별히 6·7남선교회를 위해 기도합니다. 저희가 교회의 기둥과 주춧돌이 되게 하시고, 모든 교회 일에 앞장서서 하나님의 사명을 잘 감당할 수 있는 믿음의 남전도회가 되게 하시옵소서.

이제 말씀을 듣고자 합니다. 오늘 목사님을 통해 들려지는 하나님의 말씀이, 우리의 머리와 가슴을 치게 하여 잘못된 신앙생활을 회개할 수 있도록 도와주시고, 하나님께 더욱 가까이 나갈 수 있는 통로가 되게 하여 주시며, 하나님이 베푸시는 은혜를 마음껏 느끼며 감격할 수 있는 시간이 될 수 있도록 축복하여 주시옵소서.

오늘 예배에 성령님이 함께해 주실 것을 믿사오며, 이 모든 말씀, 우리 주 예수님의 이름으로 기도 드립니다. 아멘!

너희를 쉬게 하리라

수고하고 무거운 짐진 자들아
다 내게로 오라 내가 너희를 쉬게 하리라
마태복음 11:28

Prayer 003

2020.01.05 주일 낮 예배

마창국 안수집사

거룩하시고 존귀하신 하나님 아버지!

2020년 새해 첫 주일을 맞이하였습니다. 지난해 어려웠던 일들을 다 잊어버리고 오늘에 최선을 다하는 성도님들 되게 하여 주시고 믿음으로 굳건하게 세상을 이기며 나아가는 믿음의 동역자들이 되어 이 시간도 함께 예배드릴 수 있도록 인도하여 주시오니 감사드립니다.

하나님 아버지! 새해를 허락해 주셨사오니 우리 성도님들 죄악된 곳에 있지 않게 하여 주시고, 편법으로 세상과 타협하지 않고 입술로 타인에게 정죄하지 않는 삶을 살게 되기를 원합니다. 기도와 찬양을 드리는 우리의 입술로 사람을 살리는 일에 쓰임 받게 하시며 절제와 인내로 믿음 안에서 오직 예수님의 이름을 높여드리는 귀한 성도님들이 되게 하여 주시옵소서.

전능하신 하나님 아버지!

세워주신 나라와 민족을 위해 기도합니다. 2020년도에는 이 나라가 정치, 경제, 사회가 안정이 되어서 젊은이들에게 꿈과 희망을 주는 나라. 부정부패가 사라지는 민족 되게 하여 주시옵소서. 정치하는 모든 분들이 나라와 국민을 위해 헌신과 노력으로 정치할 수 있도록 올바르게 세워 주시고, 믿음의 자녀들을 먼저 보고 계시오니 어디서나 무슨 일을 하든지 하나님 아버지 앞에서 행하는 것 같이 정직하게 하여 하나님께 영광을 올리게 하옵소서.

은혜와 사랑이 많으신 아버지 하나님!

우리 신호등 교회가 좀 더 새롭게 변화되는 성령 충만한 교회로 세워 주시옵소서. 이 곳에 세워주신 목적에 따라 복음 전하는데 최선을 다하게 하여 주시고, 주님의 뜻과 사명을 받고자 내일부터 시작되는 신년 특별 새벽기도회를 허락해 주시오니 감사드립니다. 백전백승의 2020년, 하나님의 사람들의 인생 경영 원칙이라는 주제로 준비된 말씀을 목사님께서 전해 주실 때 감사와 기쁨으로 받아 누리는 한 해가 되게 하여 주시옵소서.

올 한 해도 우리 담임목사님 신철호 목사님을 지켜 보호하여 주시고, 주어진 사명 지혜롭게 건강함으로 잘 감당하게 하시고, 세우신 모든 비전과 목회 일정들, 교회와 성도님들을 이끌고 나가실 수 있도록 늘 성령 충만함으로 채워 주시옵소서.

하나님 아버지! 부목사님과 세분의 전도사님께도 올해도 신호등 교회에서 귀한 사역을 감당하게해 주셔서 감사드립니다. 사역 위에 어려움 없게 하여 주시고 강건함으로 잘 감당하시도록 주님의 사랑과 은혜를 충만히 내려 주시옵소서.

섬기시며 사역하시는 노보야 교회 원로목사님, 사모님 늘 건강 지켜 주시고 안보하여 주셔서 땅 끝까지 증인된 교회와 사명이 되게 하시오며 그 뜻을 이어 사역하시는 주의 종을 보내 주시옵소서. 그리하여 아름다운 결실을 맺게 하여 주시옵소서.

전능하신 하나님 아버지!
2020년도에는 신호등 교회가 40주년 되는 해입니다. 새롭게 주님의 일을 감당하시는 피택 장로님, 안수집사님 권사님들이 선출되어 하나님 아버지께 나아갑니다. 아버지의 사랑을 잊지 않고 몸이신 주의 교회를 세워가며 주의 종 목사님, 전도사님 사역을 잘 보필하시고 성도님들을 잘 섬기는 일에 최선을 다하여 이 모든 것 하나님을 기쁘시게 해 드리는 귀한 일꾼들이 되게 하옵소서.

새해에도 변함없이 이른 아침부터 나와 사명을 감당하시는 교육부 선생님들 주방에서 수고하시는 권사님, 집사님들, 차량과 주차로 수고하시는 안수집사님, 집사님들 보이지 않는 곳에서도 봉사하시는 성도님들 한분 한분 기억하여 주시고 위로하여 주셔서 모두가 같은 마음으로 주께 받은 은혜에 감사와 기쁨으로 감당할 때 주의 사랑과 은혜가 넘치게 하옵소서.

　사랑이 많으신 아버지 하나님!
　이 시간 목사님을 통하여 새해 말씀을 듣겠습니다. 먼저 우리 담임목사님께 성령 충만함으로 채워 주시고 항상 건강의 복을 허락해 주셔서 맡겨주신 성도님들을 이 광야 같은 인생길에서 잘 인도할 수 있도록 말씀의 지혜와 중보 기도의 능력과 병 고치는 은사를 충만히 내리어 주시옵소서.

　말씀을 듣는 저희들 그 귀한 말씀을 깨달아 아멘으로 화답하게 하시고 한 주간도 이 말씀을 붙잡고 묵상하며 기도하는 삶을 살게 하여 주셔서 믿음으로 이겨내는 건강한 삶을 살게 하여 주셔서 믿음으로 이겨내는 건강한 삶을 살게 하여 주시옵소서.

　오늘도 살아 역사하시는 예수님 이름으로 기도 드렸습니다. 아멘!

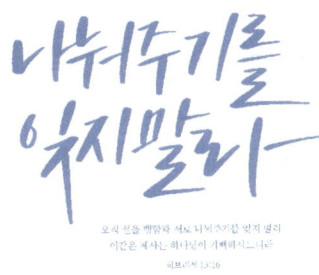

Prayer 004

2020.01.05 주일 낮 예배

이병윤 시무장로

    이스라엘 백성을 광야 40년간 구름기둥과 불기둥으로 인도하여 주신 하나님 아버지! 이 시간 새로운 각오와 결단을 가지고 주님께 나와 신년 예배와 교회 창립 40주년 예배를 신령과 진정으로 드리오니 열납하여 주시옵소서.

    연약한 저희들이 지은 모든 죄를 주님께 고백하오니 용서하여 주시옵고 하나님 말씀대로 바르게 살아갈 수 있는 힘과 능력을 주옵소서. '다시 새롭게 꿈꾸는 신호등, 이루시는 하나님'이란 표어를 가지고 새롭게 시작하는 신호등 교회와 함께 해 주셔서 한국교회와 세상을 살리는 빛과 소금이 되는 교회, 사랑과 진리와 은혜가 가득한 성령께서 뜨겁게 역사하시는 교회, 세상의 보화에 만족하지 않고 주님의 은혜에 만족하는 성숙한 교회가 되게 하옵소서.

    모든 성도들은 손이 깨끗하며 마음이 청결하며 뜻을 허탄한 데에 두지 아니하고 사망의 음침한 골짜기를 다닐지라도 해를 두려워하지 않는 믿음이 있게 하시고 푸른 풀밭 쉴 만한 물가로 인도함을 받을 때에도 교만하지 않고 겸손하게 주님을 섬기는 한 해가 되게 하옵소서.

    마음을 새롭게 함으로 변화를 받아 하나님의 선하시고 온전하신 뜻을 깨달아 300년간 하나님과 동행한 에녹과 같이 말씀 안에서, 성령 안에서, 믿음 안에서 항상 주님과 동행하는 한 해가 되게 하옵소서.

    믿음으로 하나님의 사랑을 경험하고, 믿음으로 하나님의 사랑을 증거하며 믿음으

로 하나님과 동행하는 한 해가 되게 하옵소서

　하나님을 경외하며 한 해를 살기로 다짐하는 모든 성도들에게 복을 주옵소서. 마음에 기쁨을 주옵소서. 그 손이 수고한 대로 풍성한 열매가 있게 하옵소서. 단 한 번뿐인 인생을 두려워하지 않고, 후회하지 않고, 가장 소중한 가치인 예수 그리스도의 복음을 위하여 사용되게 하옵소서.

　내일부터 시작되는 특별 새벽기도회를 통하여 큰 은혜의 시간이 되게 하시고 기도와 말씀으로 시작하는 모든 성도들의 앞길을 구름기둥과 불기둥으로 인도하여 주셔서 시냇가에 심은 나무가 철을 따라 열매를 맺으며 그 잎사귀가 마르지 아니함 같이 성도들이 하는 모든 일에 형통함이 있게 하옵소서.

　하나님께서 집을 세우지 아니하시면 세우는 자의 수고가 헛되고 하나님께서 성을 지키시지 아니하시면 파수꾼의 경성함이 허사라고 했습니다. 분단된 이 나라에 다시는 전쟁과 기근이 없도록 지켜 주시고 복음으로 통일을 이룰 수 있도록 은혜를 베풀어 주시옵소서.

　노보야 교회를 위하여 좋은 목회자를 보내 주옵시고 원로목사님과 사모님께 주님의 큰 위로가 있게 하옵소서. 오늘도 단 위에 세우신 담임목사님. 영육 간에 강건함을 주시고 입술에 권세를 주셔서 말씀이 선포될 때마다 하나님의 능력이 함께 하심으로 하나님의 온전하고 기뻐하시는 뜻이 무엇인지 깨닫고 담대한 믿음과 확신을 가지고 한 해를 살기로 결단하는 역사가 있게 하옵소서

　할렐루야 찬양대의 정성껏 준비한 찬양을 받아 주시고 교회를 위하여 헌신하는 일군들을 기억하시고 그들의 마음의 소원대로 이루어 주시옵소서. 거룩하신 예수님의 이름으로 기도합니다. 아멘!

Prayer 005

2020.01.06 특별 새벽기도회

박성자 시무권사

사랑과 은혜가 충만하시고 거룩하신 하나님 아버지! 은혜와 사랑을 감사합니다. 지난 한 해 동안도 주님의 은혜로 큰 어려움 없이 지내게 하시고, 2020년 이 한 해를 또한 시작하게 하셔서 새해 주신 말씀으로 우리에게 여러 가지 막혀있는 문제들이 해결되며 우리의 영성이 회복될 수 있도록 말씀과 기도로 무장하여 나아가게 하옵소서. 저희들에게 한 해 동안도 맡겨준 일들이 있습니다. 감당할 수 있도록 믿음에 능력과 담대한 마음을 허락하여 주시옵소서.

우리 교회를 사랑하여 주시고 축복해 주신 주님! 감사합니다. 말씀으로 견고히 세워주셔서 성령 충만한 교회가 되게 하시며 올해 주신 말씀과 같이 '다시 새롭게 꿈꾸는 신호등, 이루시는 하나님'의 교회가 되게 하여 주시옵소서.

담임 목사님 항상 영과 육을 강건하게 하시며 성령의 충만함과 말씀에 능력을 허락하여 주셔서 교회를 영적으로 이끌어 가시기에 조금도 부족함이 없도록 인도하여 주시며, 또한 기도하시며 계획하시는 모든 목회 사역을 다 이루어 가실 수 있도록 역사하여 주시옵소서.

주님! 원로목사님, 사모님 이 추운 날씨에 선교사역을 감당하시는 가운데 계십니다. 영육에 강건함을 주시옵소서. 선교하시는 일들이 주님께 기쁨이 되며 영광이 되는 은혜가 있게 하여 주시옵소서. 노보야 교회가 영적으로 성장하며 부흥케 되는 은혜가 있게 하시고 사명감을 가지고 선교하실 수 있는 선교사님을 속히 세워 주시옵소서.

부목사님, 세 분 전도사님께도 항상 성령님의 도우심과 인도하심이 있게 하시며 담임목사님 목회 사역을 도우시며 주님에 귀한 사역을 잘 감당할 수 있도록 늘 인도하여 주시옵소서.

신년 특별 새벽 기도회가 〈백전백승 2020 하나님의 사람들의 인생경영 원칙〉이라는 주제로 시작하게 하신 하나님. 귀한 이 시간도 바다 가운데 길을 내시는 하나님. 〈홍해전쟁〉이라는 말씀으로 전하실 때에 저희들 영적으로 도전받는 귀한 시간 될 수 있도록 인도하여 주시옵소서. 주시는 말씀으로 다시금 새 힘을 얻고 영적으로 회복되는 은혜가 있게 하여 주시옵소서. 귀한 시간도 장로님들께서 올려 드리는 찬양을 기뻐 받아 주시기를 원하며 우리를 사랑하시는 예수님의 이름으로 감사하며 기도드리옵나이다. 아멘!

Prayer 006

2020.01.08 특별 새벽기도회

이미자A 시무권사

오늘도 새벽을 주신 은혜의 하나님 아버지 감사합니다. 은혜에 감사하며 새 하루를 시작합니다. 2020년 특별 새벽기도회 "백전백승의 2020, 하나님의 사람들의 인생 경영원칙" 셋째 날을 하나님 앞에, 말씀 앞에 있게 하시니 너무나도 감사합니다. 영광을 받으시옵소서.

하나님 아버지! 이 나라 이 민족을 불쌍히 여겨 주시고 올해에는 안정될 수 있도록 복 내려 주시옵소서.

사랑의 주 하나님 아버지! 40년 전에 우리 교회를 세워 주시고 그동안 수많은 하나님의 역사 가운데 믿음의 선진들의 사랑의 수고로, 눈물의 기도로, 믿음으로 인내하며 하나님의 은혜로 여기까지 왔습니다. 인도하여 주신 것을 감사합니다. 그 하나님의 은혜로 2020년도에 세워진 기관들과 직분자들이 함께 기도함으로 활성화되고, 영향력을 끼쳐 '다시 새롭게 꿈꾸는 신호등, 이루시는 하나님' 이라는 표어 아래 우리 교회가 든든히 서가고 부흥되는 2020년으로 인도하여 주옵소서. 기도하겠습니다. 말씀보다 앞서지 않겠습니다. 다시금 고백하고 다짐합니다.

하나님 아버지! 이런 교회가 되기를 소망하며 목회하시는 담임목사님을 위하여 기도합니다. 더욱더 강건함과 말씀의 능력과 기도의 능력과 영력의 칠 배를 더하여 주시옵고, 신나고 행복한 목회 사역으로 손잡아 주시옵소서. 더불어 함께 사역하시는 부목사님, 세 분의 전도사님들의 사역 위에도 성령 충만, 은혜 충만, 기름 부어 주시옵소서. 원로목사님과 사모님 앞길을 평강으로, 강건함으로 인도하여 주시옵소서.

우리 교회 모든 가정들에게 복 내려 주시옵소서. 위로는 부모님들이 건강하게 하여 주시고, 사업 번창함과 직장이 안전하게 하시며, 자녀들이 하나님 중심, 교회 중심으로 살아가는 믿음의 행복한 가정들로 세워 주시옵소서.

하나님 아버지, 우리 교회 믿음의 다음 세대들을 축복하여 주시옵소서. 믿음으로 잘 양육되고 잘 성장하여 교회를 이끌어가고 나라를 발전시키고 세계적으로 큰 인물들이 다 될 수 있도록 복 내려 주시옵소서.

이 시간 "가나안의 축복의 문을 여시는 하나님" 말씀을 전하실 목사님과 함께하여 주시옵소서. 말씀 듣는 우리들, 말씀에 집중하여 은혜받고 도전받아 용기 있는 삶을 살게 하옵소서.

이후에 권사님들의 찬양을 받아 주시옵소서. 주님의 일에 권사님들을 사용하여 주시옵소서. 나의 주, 예수 그리스도의 이름으로 기도합니다. 아멘!

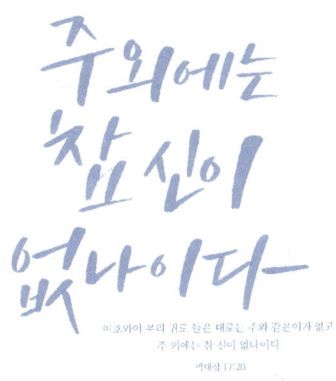

Prayer 007

2020.01.08 수요기도회

고정숙 피택시무권사

은혜로우신 하나님 아버지! 감사드립니다. 지난해도 하나님의 은혜로 살았음을 고백합니다. 새롭게 시작하는 2020년에도 하나님의 은혜 속에 살 수 있도록 저희들의 믿음을 세워주시고 새로운 결단과 비전을 꿈꿀 수 있도록 영적 특별 새벽기도회를 허락하시니 감사드립니다. 시간 시간 목사님을 통해 선포하시는 말씀 앞에 서희들의 부족함을 고백하며 다시 무너진 믿음을 세울 수 있도록 꿈꾸게 하시니 감사드립니다. 2020년에도 저희들의 믿음이 더욱 장성하고 단단히 이 시대에 참 이스라엘, 선민의 백성으로서 사명을 잘 지켜나가는 저희들의 믿음이 될 수 있도록 도와주옵소서.

하나님 아버지! 저희 교회를 세우시고 여기까지 인도하시며 여전히 함께 하시니 감사드립니다. 우리 교회가 이 지역과 이 나라에 구원의 방주로서의 사명을 잘 감당하게 하소서. 교회의 각 기관이 각 맡은 지체의 본분을 잘 행하고 겸손과 순종으로 협력하며 하나님의 나라를 세워가게 하소서. 주님의 사랑을 본받아 이웃을 사랑하고 작은 자를 섬길 수 있는 겸손함이 있게 하옵소서.

우리의 자녀들을 축복해 주옵소서. 큰 꿈을 꾸게 하시고 하나님이 주신 달란트를 잘 활용하여 각 나라에 주역들이 되어 큰 영향력을 끼칠 수 있도록 축복하여 주옵소서.

하나님 아버지! 우리 담임목사님의 영과 육을 날마다 강건하게 지켜 주옵시고, 날마다 성령에 충만함과 말씀에 능력과 권세를 갑절로 내려 주옵소서. 하나님의 귀한 사역을 잘 감당하실 수 있도록 강건케 하시고, 가정에 평안으로 가득 차게 하소서.

하나님 아버지! 노년에 있는 우리 교회 어르신들의 영과 육을 보호하여 주옵소서. 하나님 나라를 꿈꾸고 소망하며 늘 삶 가운데 평안과 안식을 주옵소서. 주님, 병 중에 있는 교우님들을 위로하여 주옵소서. 하나님께 전적으로 맡길 수 있는 소망과 믿음을 주소서. 사람으로 할 수 없는 것은 주님의 능력의 손으로 치유 하사 병에서 자유함의 은혜를 주옵소서.

주님! 노년에도 주님의 부르심에 순종하며 노보야 교회를 섬기시고 계시니 원로 목사님과 사모님, 모든 인생 걸음을 주님이 동행해 주시고 하나님 뜻에 맞는 새로운 사역자를 세워 주소서.

하나님 아버지! 계속 진행 중인 특별 새벽기도회에 큰 은혜 주셔서 주제 말씀처럼 하나님 사람의 경영원칙으로 '백전백승의 2020년'은 기적의 해가 되게 하소서. 그래서 우리 교회가, 우리 가정이, 우리 자녀들이 새로운 삶, 하나님의 백성의 삶을 살아가게 하소서.

하나님, 이제 말씀을 듣습니다. 목사님을 통해 단에서 선포되는 하나님의 말씀이 살아 움직이는 역사가 있어 듣는 저희들의 마음이 열리고 회개와 감사와 새로운 꿈을 꾸는 은혜의 시간 되게 하소서.

이 예배가 온전히 하나님이 기뻐 받으시는 향기로운 제사가 되기를 원하며, 우리를 죄에서 구하시고 하나님의 자녀가 되게 하신 예수 그리스도의 이름으로 기도합니다. 아멘!

Prayer 008

2020.01.09 신년 특별 새벽기도회

정수진 피택시무권사

새벽에 함께 하시고 복 주시는 하나님, 은혜와 사랑의 넷째 날의 특별 새벽기도를 올려드립니다. 성령 하나님의 인도하심에 감사드리며 말씀 듣고 기도하는 이 시간 하나님 아버지로 말미암아 기뻐하고 즐거워하는 시간 되게 하여 주옵소서.

주님 올 한 해도 제 안에 하나님보다 더 사랑하는 우상이 있다면 발견하게 해 주시고 그 어떤 것도 하나님보다 먼저 되질 않길 원합니다. 기도의 손을 내밀어라 하신 아버지, 하루의 새벽 기도는 하루의 미래이며, 한 달의 새벽기도는 1년의 미래이고, 1년의 새벽기도는 10년의 미래라는 말이 있듯이 새벽을 깨우고 더욱더 기도에 힘쓰게 도와주시어 하나님의 손이 함께 하는 한 해 되게 하시고 기도보다 말씀보다 앞서지 않고 인생의 모든 일들을 온전히 주님께 맡기고 자유하고 평안하기를 원하나이다.

한 해를 기도와 말씀으로 시작하는 우리 교회 위에 주님이 기뻐하는 비전과 꿈꾸는 교회 되게 하시고 하나님이 자녀로서의 자세를 회복하며 하나님의 청지기로서의 자세를 회복하여 하나님이 주인으로 높임을 받는 교회, 성령의 역사가 눈에 보여지는 교회, 다시 새롭게 꿈꾸는 신호등을 이루시는 하나님으로 말미암아 온 성도가 마음으로 하나 되게 하시고 사랑의 마음으로 우리 교회 위해 아름답게 그림을 그리실 주님께 온전히 맡기는 교회 되게 하소서.

은혜의 말씀과 안수기도로 특별 새벽기도를 인도하신 목사님께 영과 육이 지치지 않고 피곤치 않게 위로와 격려의 영으로 함께 하시고 갑절의 영감과 능력을 부어주시고 주의 일을 하실 때마다 선하고 충성되고 헌신된 일꾼들을 붙여주셔서 목회의 길이 외롭지 않게 하시고 통역하며 나아갈 때 많은 영적 시너지가 나타나 선한 열매를 거두는 목회 사역이 되게 하옵소서.

병중에 있고 치료하며 회복을 기다리는 환우들을 두루두루 살펴 주시고 치유하고 회복시켜 주소서. 부목사님과 세 분의 전도사님 목사님을 도와 주의 일을 하실 때 영과육이 지치지 않게 붙드시며 성령의 충만한 은혜를 부어주시고 주의 일을 기쁨과 즐거움으로 감당하게 하소서. 또한 가정에는 하나님 아버지의 도움의 은혜의 손길이 있게 하시고 때마다 일마다 채우시고 돌보시는 하나님의 은총의 축복이 있게 하소서.

"무너진 땅에 꽃을 피우시는 하나님의 " 말씀으로 목사님 말씀 들려주실 때 듣는 귀, 듣는 마음 되게 하시고 하나님 자녀에겐 좌절과 포기는 없사오니 일곱 번 넘어지더라도 다시 일어나는 백전백승의 승리를 주셔서 온전히 예수님을 닮아가게 도와주옵소서.

남선교연합회 찬양을 기뻐 받아 주시옵고 나의 기쁨과 소망되신 예수 그리스도의 이름으로 기도합니다 아멘!!

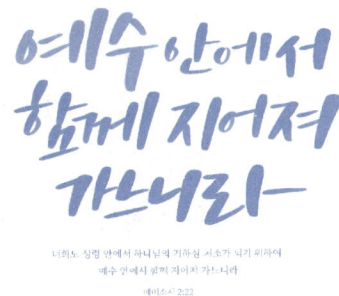

Prayer 009

2020.01.10 신년 특별 새벽기도회
박혜선 서리권사

나의 삶의 주인이신 하나님 아버지! 하나님만 높여 드리는 예배가 되기 원합니다.

부족하고 연약한 저희들을 2020년 신년 특별 새벽기도회 예배로 드리게 하심을 너무나 감사드립니다. '백전백승 하나님의 사람들의 인생경영원칙' 이라는 주제로 예배 자리에 나왔습니다. 바다 가운데 길을 내시는 하나님,

가나안의 축복의 문을 여시는 하나님, 무너진 땅에 꽃을 피우시는 하나님 아버지 감사합니다. 하나님의 말씀으로 덮어 주시옵소서. 하나님의 방법으로 바다 가운데 길이 되게 하소서. 하나님의 뜻을 이루는 축복의 통로가 되게 하소서. 하나님의 뜻을 이루고 무너진 땅에 꽃을 피우는 사명자가 되게 하소서.

어떠한 사단의 공격을 받을지라도 백전백승을 위한 하나님의 사람의 인생경영원칙을 따라 주님 앞에서는 당할 자가 없음을 고백하오니 저희들의 심령을 붙들어 주시고 방패가 되어서 어떠한 고난과 시련에도 쉽게 무너지거나 휘말리지 않게 하시고 구별과 분별된 삶을 살기를 원합니다. 사람을 만날 때나 일을 할 때도 주님의 인도하심으로 이끌려 기도하며 주님보다 앞서지 않게 인도하여 주시옵소서.

'너희는 복을 받을 자 이니라, 너희들은 복을 받은 자 이니라'

병마와 싸우고 계시는 성도님들 이번 특별 새벽기도회를 통하여 새 힘을 얻으며 하나님의 놀라운 치유의 역사가 있길 소망하고 원합니다.

사랑하는 다음 세대 자녀들을 축복하여 주시옵소서. 주님을 만나고 놀라운 주님을 경험하며 새로운 꿈을 꾸게 하시고, 그 꿈을 통하여 비전을 갖게 하시며, 성령으로 하나 되어 온전한 믿음 안에서 영적인 세상의 리더자가 되길 소망합니다.

특별 새벽기도회 다섯째 날, '가장 비천한 자를 왕이 되게 하시는 하나님' 이라는 주제로 말씀을 선포하시는 담임목사님께 말씀의 능력을 허락하시고, 허락하신 말씀이 깊은 바다보다 깊게 하시며 성령의 은혜가 넘치는 말씀의 시간이 되게 하여 주시옵소서.

담임목사님을 위해 기도합니다. 저희들을 말씀으로 양육하실 때 목사님의 영과 육을 책임져 주시옵시고, 피곤치 않게 하시고 목사님의 가정의 축복을 허락하여 주시옵소서. 마지막 금요 영성치유 기도회까지 하나님의 능력으로 붙들어 주시어 놀라운 은혜의 시간이 되게 하여 주시옵소서.

2020년, 주님께서 새워주신 각 기관을 축복하시어 각 부서를 이끌어 가는데 힘들지 않게 하시고 지혜도 허락해 주시옵소서. 지금 이 자리가 얼마나 귀한 사명의 자리임을 알게 하시고 주의 은혜임을 감사하며 순종과 기도로 나아가길 원합니다.

여전도회 찬양을 올려드립니다. 기뻐 받아주시길 원하며 우리를 구원하신 우리 주 예수 그리스도의 이름으로 기도드렸습니다. 아멘!

Prayer 010

2020.01.10 금요 영성 치유기도회
함희정 서리집사

    사랑과 은혜가 충만하시며 언제나 저희들에게 축복 주시기를 원하시는 거룩하신 하나님 아버지! '백전백승의 2020 하나님의 사람들의 인생경영원칙'이라는 주제로 새벽잠을 깨워 5일간 신년 특별 새벽제단을 쌓고 금요 심야기도회로 모일 수 있게 하여 주심에 감사드립니다.

    홍해 전쟁, 요단강 전쟁, 여리고 전쟁, 아이성 전쟁, 골리앗 전쟁까지 하나님이 함께 하여 주시고 전적으로 맡겨야 승리할 수 있음을 깨닫게 하여 주시옵소서. 하나님의 사람들의 인생경영원칙대로 살아가면 '다시 새롭게 꿈꾸는 신호등, 이루시는 하나님'이라는 교회 표어가 이루어질 줄 믿습니다.

    주님! 이번 특새에 저희들의 모든 문제를 기필코 해결하는 놀라운 역사가 일어나게 하옵소서. 물질이 부족한 자에게는 물질의 축복을 내리셔서 차고 넘치게 하시며 병마에 시달리는 성도들에겐 놀라운 치유의 은사를 허락하옵소서. 가정의 문제로 신앙의 문제로 기타 여러 가지 문제로 고민하는 성도들에게 주님께서 친히 위로해 주시고 함께 하셔서 모든 문제들이 남김없이 해결 받는 축복의 2020년이 되게 하옵소서. 이번 특새를 통한 기도가 오늘로 끝나는 것이 아니라 기도의 영성, 기도의 불이 꺼지지 않는 교회 되게 하옵소서.

    주님의 은혜로 신호등 교회가 40주년을 맞이했습니다. 앞으로도 하나님의 도우심과 성령님의 인도하심으로 각 기관과 부서가 선을 이루어 협력하는 교회가 되게 하옵소서. 다음 세대가 이 교회와 나라, 세계를 짊어지고 나가는데 부족함 없게 하시며 주님의 큰일을 감당하게 하옵소서. 하나님이 함께 하시면 작은 자를 크게 세우실 줄 믿습니다. 우리 교회에서 세계적인 인물이 나오게 해 주시옵소서.

특새를 이끌어 가신 목사님에게 능력에 능력을 더 하셔서 말씀으로 충만하며 성령으로 충만케 하셔서 말씀 증거 하실 때마다 크신 은혜와 진리로 충만케 하여 주시고 장로님들과 권사님들, 집사님들에게도 더욱 크신 축복을 내리셔서 교회와 목사님을 받들어 섬기는데 부족함 없이 도와주시옵소서. '대제사장의 축복으로 백전백승의 2020이 되자'로 말씀 전하실 때 영적으로 힘을 얻고 은혜받는 시간이 되게 하옵소서.

교회학교 교사들의 찬양을 기쁘게 받아 주시옵소서. 이 예배를 온전히 주님께 드리며 예수님의 이름으로 기도드렸습니다. 아멘!

내게
정금같이
나오리라—

나의 가는 길을 오직 그가 아시나니
그가 나를 단련하신 후에는 내가 정금 같이 나오리라
욥기 23:10

Prayer 011

2020.01.12 주일 낮 예배
이충환 안수집사

'번개가 동편에서 나서 서편까지 번쩍임 같이 인자의 임함도 그러하리라' 아멘.

하나님 아버지! 감사합니다. 죄 많은 우리를 하나님의 전에 세워주시고, 우리의 죄를 사하여 주시고, 우리에게 삶과 희망을 주시고, 내일은 오늘보다 조금은 나은 내일을 꿈꾸게 하시는 하나님 아버지 감사합니다.

우리를 택하사 세상 사람들과 구별되게 하시고, 오늘 주님 주신 기쁜 주일 이 시간 분주함을 다 내려놓고, 주님 전에 나와 존귀와 영광을 돌리게 하심 또한 다 하나님의 은혜임을 알게 하여 주옵소서. 우리의 가정 우리의 자녀 우리의 건강 우리의 직장 등 모든 것을 주님께서 허락하심을 알게 하는 시간이 되게 하여 주옵소서. 우리가 누리는 물질과 복도, 잠시 하나님이 우리의 삶을 풍요롭게 하고자, 주시는 것이지 영원히 우리에게 주는 것이 아님을 깨닫고 알게 하옵소서. 아무리 많은 물질과 풍요도 하나님의 말씀 한마디면 바람 앞의 먼지처럼 다 날아가고 흩어짐을 알게 하옵시고, 겸손한 마음으로 하나님을 섬기며 교회 안과 밖에서 그리스도의 향기가 나는 성도 되게 하여 주옵소서.

하나님 아버지! 2020년 성도들이 새롭게 시작하는 한 해 이오니, 우리 성도 모두가 새로운 다짐과 마음으로 꿈을 꾸게 하시고, 한해 목표와 꿈이 이루어질 수 있도록 기도와 간구하게 하옵시며, 지난해 잘못된 결과가 반복되지 않도록 철저히 준비하게 하시며, 하나님의 뜻이 어디에 있는지 알 수 있는 명철과 지혜도 허락하여 주옵소서.

우리 신호등 교회가 올 한 해 계획한 하나님의 크고 작은 일 모두 이루어지게 하시옵고, 화평한 교회, 하나님을 온전히 섬기는 교회, 이웃과 고통을 나누는 교회, 함께 교제하며 어려운 이웃에게 말씀을 전달하며 전도하는 교회 되게 하여 주옵소서. 또한 믿음의 방주 역할을 감당하는 교회 될 수 있도록 우리 성도 한 사람 한 사람이 믿음 경주를 하는 한 해가 되게 하옵소서. 영적으로도 더욱 성장하고 받은 은혜의 경험을 통하여 많은 사람에게 말씀을 전할 수 있도록 말씀의 전신 갑주를 준비하는 해가 되게 하옵소서.

올 한 해 우리를 인도하여 주실 신철호 목사님에게 영육 간에 강건함을 허락 주셔서 말씀에 능력 있게 하시고, 은혜와 사랑이 넘치는 교회 되게 하여 주옵소서. 러시아에서 선교 사역하시는 전광운 목사님과 사모님 기억하여 주시고, 이 예배를 위하여 수고하고 애쓴 이들도 기억하여 주옵소서. 우리 주 예수 그리스도의 이름을 기도드렸습니다. 아멘!

사랑은 허다한 죄를 덮느니라

무엇보다도 열심으로 서로 사랑할지니
사랑은 허다한 죄를 덮느니라
베드로전서 4:8

Prayer 012

2020.01.12 주일 낮 예배

이철주 시무장로

　좋으신 하나님 아버지! 새롭게 하시는 하나님께 찬양과 경배를 드리며 거룩한 주일을 맞습니다. 먼저는 우리가 죄성을 벗어던지고 십자가의 은혜를 온전히 받게 하옵소서. 아버지 하나님이 새 하늘과 새 땅을 창조하시고 새로운 생명까지도 주셨으며 이제 새해의 시간도 우리에게 주셨으니, 희망과 소망으로 출발하게 하옵소서.

　하나님 아버지! 이 새로운 것이 충만한 이때를 겸손히 받게 하옵소서. 이미 주님께서 새 술은 새 부대에 담으라고 말씀을 하셨으나 우리에게 필요한 것은, 먼저는 주님 전에 진심과 겸손으로 마음을 보이는 것이 필요할 것이니, 하나님! 우리가 주님으로부터 받을 것을 기대하기 전에 기도로 주님의 뜻을 구하게 하옵소서. 주님이 원하시는 것과 우리가 바라는 것의 일치함을 간구하게 하옵소서.

　하나님! 우리는 새해 첫 주의 새벽을 신령과 진정으로 주님께 드렸나이다. 신호등 가족의 간절함이 담긴 특별 새벽기도회를 마쳤으니 주님이 기뻐 받으신 줄 믿음으로 알게 하옵소서. 교회적으로 가정과 개인적으로 바라고 원하는 기도제목들이 우리의 진정한 입술로 고백되어 올려졌으니 하나님이 들어 주실 줄 믿습니다. 육신의 질고가 벗어나게 하옵시고 물질의 부족함이 해결되어서 올해에는 건강하고 풍성한 신앙생활에 매진하게 하옵소서. 육신적인 문제들 때문에 순전한 신앙생활이 방해받지 않도록 주여 우리를 돌보아 주옵소서.

　모든 것이 어렵다고 예측되는 올 한 해지만 하나님의 백성들이 구름기둥과 불기둥의 인도로 넉넉함과 자유함을 누리고 사는 모습들이 되게 하옵소서. 신년 초부터 국내외적으로 불안한 정세들이 들려오고 있습니다. 그래도 기도하는 국민의 소리를 들으실 것이니 하나님이 자비와 안정을 베풀어 주셔서 열강의 틈바구니에서 꿋꿋하게 기개를 펼쳐가는 귀한 대한민국이 되게 하옵소서. 참으로 동방의 이스라엘이라고 인정받을 만한 우리나라가 되게 하옵소서.

하나님 아버지! 교회의 각 부서들이 희망찬 계획을 세우고 실행을 하려고 합니다. '다시 새롭게 꿈꾸는 신호등, 이루시는 하나님'으로 교회 목표를 세웠습니다. 차세대를 내다보는 실행들이 알차게 펼쳐지게 하옵소서. 햇수로 장년의 시기를 맞이했으니 하나님이 보시기에 흡족한 결과들이 각 부서들로부터 생산되게 하옵소서.

러시아 추운 곳에서 수고한 원로목사님 내외를 기억하여 주옵소서. 내외분들이 씨를 뿌렸으니 노보야 교회가 새싹과 나무로 성장하게 하옵시고, 참다운 현지 목회자가 선정되게 하옵소서.

오늘도 주의 귀한 말씀을 증거 하실 담임목사님의 안위를 부탁드립니다. 올 한 해도 목사님의 목회 일정에 성령님이 동행하셔서 위임 맡은 자로서 부족함이 없도록 주여 도와주옵소서.

이 시간 교회 각처에서 예배를 돕는 우리의 지체들이 있습니다. 수고하는 저들에게 하나님의 위로가 있게 하옵시고 막힘없는 생활이 보장되게 하옵소서. 거룩함으로 찬양을 올려드리는 할렐루야 찬양대의 노래를 기뻐 받아 주옵소서. 더불어 협력하는 팜스의 연주도 주님이 기뻐 받으실 줄 믿습니다. 예배의 모든 순서를 주님이 흠향하실 것을 믿사오며 모든 말씀 예수님 이름으로 기도드렸습니다. 아멘!

Prayer 013

2020.01.12 제직 헌신예배

이병윤 시무장로

'죽도록 충성하라, 그리하면 생명의 면류관을 주리라'고 약속하신 하나님 아버지! 하나님의 한이 없는 사랑과 예수 그리스도의 십자가의 구속의 은혜에 힘입어 오늘도 주님 앞에 나와서 예배하게 하시니 찬송과 감사를 드립니다. 오늘은 2020년도 제직들이 헌신을 다짐하며 헌신예배를 드리고자 하오니 신령과 진리로 드려지는 예배가 되게 하옵소서.

지난 2019년도에도 주님 앞에 충성을 다하지 못하고 맡겨주신 일에 태만하고 성실히 감당하지 못했던 저희들이지만 열매가 없다고 책망하지 않으시고 금년에 또다시 주님의 몸 된 교회를 위하여 제직의 직분을 주심을 감사드립니다. 이 시간 예배를 통하여 부족한 저희들에게 제직의 귀한 직분의 영광을 알게 하시고 또 직분에 따른 책임도 알게 하셔서 착하고 충성되고 지혜로운 청지기가 되게 하옵소서. 저희들이 직분을 감당할 때에 말하는 것도 하나님이 말씀하시는 것 같이하고, 봉사하는 일도 하나님이 공급하시는 힘으로 행함으로 모든 영광을 주님께 돌려 드리는 제직들이 되게 하옵소서. 교회 안에서만 제직이 아니라 교회 밖에서도 주님의 일꾼으로 소금과 빛의 사명을 잘 감당함으로 믿지 아니하는 자들로 하여금 하나님 아버지께 영광을 돌리게 하옵소서. 항상 심령이 가난한 자가 되어서 영적인 목마름을 가지고 말씀을 묵상하며 주 앞에 엎드려 기도하는 제직들이 되게 하옵소서. 주일을 범하는 일이 없게 하시고, 기도생활이나 전도 생활에도 적극 동참하고 힘쓸 수 있는 제직들이 되게 하옵소서.

저희들이 이 직분을 잘 감당할 수 있도록 건강과 물질도 주시며 재능과 시간도 허락하여 주옵소서. 하루가 천년 같고 천년이 하루 같다는 주님의 말씀을 항상 기억하며 우리에게 주어진 그 소중한 사명을 하나도 남김없이 잘 선용하게 하옵소서. 교회의 비전과 목사님의 목회 방침에 발맞추어 교회의 일을 긍정적으로 보고, 듣고, 말하고. 행동하는 사랑과 섬김이 있는 제직들이 되게 하옵소서

오늘은 특별히 한국교회에서 귀하게 사용하시는 예능교회 조건희 목사님을 보내주셔서 말씀을 청종하게 하심을 감사드립니다. 주님의 귀한 말씀을 듣는 저희들이 말씀에 목마름으로 헐떡거리는 심령으로 하나님의 음성을 사모하게 하시고 말씀 앞에 도전을 받아 2020년 한 해를 신앙의 후퇴 없이, 삶의 후회 없이, 섬김과 헌신을 결단하는 귀한 시간에 되게 하옵소서.

제직 임원들과 신임 제직들이 올려드리는 찬양을 흠향하여 주시옵기를 간절히 기도하오며 예수님의 이름으로 기도합니다. 아멘!

믿음은 바라는 것들의 실상이요
보지 못하는 것들의 증거니
히브리서 11:1

Prayer 014

2020.01.19 주일 낮 예배

심봉기 안수집사

    길과 진리요 생명이 되신 하나님! 저희에게 소망의 기도로 새해 첫 달을 믿음으로 살게 하시며, 이 주님의 날에 성전에서 예배로 영광 돌리게 하시오니 참 감사함을 드립니다. 주님 뜻대로 살기로 했지만 온전히 순종하지 못하였습니다. 십자가 앞에 내려놓사오니 이 시간 예배를 통하여 참된 회개와 자유함을 주시며, 결단의 시간이 되게 하여 주시옵소서.

    교회의 머리 되시는 하나님! 40주년이 되는 주님의 몸 된 교회에 기름 부으심의 역사가 살아 있기를 기도합니다. 다음 세대가 꿈을 꾸며 성도님들의 늘 깨어 기도하는 사도행전의 말씀이 살아서 역사하는 교회가 되게 하여 주옵소서. 이 시간 동일하게 역사하시는 신실하시고 공의로우신 하나님! 러시아 노보야 교회가 주님 기뻐하시는 일들로 은혜가 넘치는 소식이 들려지게 하옵시고, 원로목사님과 사모님 영육의 강건함으로 지켜 보호하여 주옵소서.

    이른 아침부터 보이지 않는 곳에서 주님의 일에 함께 하는 손길들이 있사오니 새로운 힘으로 허락하시고 날마다 새로운 은혜를 더하여 복의 복을 주시옵소서.

    이 시간 말씀을 대언하실 담임목사님, 단위에 세워 주셨습니다. 영육을 강건함을 칠 배나 더하여 주시고, 성령의 기름을 부어주시사 생명 되신 주님의 말씀이 온전히 들려지게 하옵소서. 그 은혜로운 말씀에 순종하며 사는 우리의 삶이 주님의 영광만 나타내도록 축복하여 인도하여 주옵소서. 예배의 시종을 주님께 함께 하실 줄을 믿으며, 예수 그리스도 이름으로 기도드립니다. 아멘!

Prayer 015

2020.01.19 주일 낮 예배

이양모 시무장로

할렐루야! 언제나 우리와 함께하시며 동행하시는 아버지 하나님 어찌 저희들이 그 크신 하나님의 은혜와 사랑을 알 수 있겠습니까. 측량할 수 없는 사랑을 받은 저희들이 오늘도 주님의 전으로 나와서 예배드릴 수 있는 귀한 은혜를 허락하여 주심에 감사와 찬송과 영광을 올려드립니다. 2020년도 한 해도 아버지 하나님께 인도함을 받는 한 해가 되어질 수 있도록 붙들어 주시옵소서.

아버지 하나님! 변함없는 사랑과 은혜로 저희들을 인도하지만 저희들이 무지해서 때론 물질 앞에서 때론 사람 앞에서 여러 가지 염려와 근심 속에서 하나님을 멀리 할 때도 있고 죄와 타협하면서 살아갈 때도 있었음을 고백합니다. 저희들의 무지함과 나약함을 용서하시고 오직 주님만을 바라보고 믿고 따르는 2020년 한 해가 되어질 수 있도록 붙들어 주시옵소서.

아버지 하나님! 올 한 해도 먼저 신년 특별 새벽기도로 시작케 하신 하나님 모든 일들이 은혜롭게 진행되어가는 한 해가 되게 하시고 기도에 제목대로 응답되는 귀한 한 해가 되게 하옵소서.

아버지 하나님! 이 나라를 기억하여 주옵소서. 경제적으로도 어렵고 정치적 갈등과 사회적으로도 어수선하고 외교문제도 어려움을 겪고 있습니다. 이 나라를 기억하사 하나님을 믿고 섬기는 그리스도인들이 깨어 기도하게 하사 하루속히 안정되고 경제가 회복되며 정치적 갈등도 해결하며 외교문제도 해결되게 하시고, 위정자들도 기도하는 일꾼들이 많아지게 하옵소서.

아버지 하나님! 우리 교회를 붙들어 주옵소서 2020년도는 "다시 새롭게 꿈꾸는 신호등 이루시는 하나님"이라는 표어로 시작하게 하시는 하나님 꿈과 비전을 가지고 시작합니다. 우리 교회 모든 기관과 부서들이 새롭게 출발하오니 기도하며 이루어가는 귀한 역사가 있게 하옵소서.

아버지 하나님! 담임목사님을 기억하사 올 한 해도 영과 육을 강건하게 하시고 말씀의 능력과 성령의 충만함으로 목회 사역을 잘 감당할 수 있도록 역사하여 주옵소서. 원로목사님과 사모님 은혜 가운데 러시아 사역을 무사히 마치고 귀국할 수 있도록 함께하신 하나님 감사합니다. 남은 여생을 하나님과 늘 동행하며 살아가게 하시고 특별히 노보야 교회를 기억하사 늘 성령님이 함께 하시고 더욱더 부흥하며 하루속히 선교사님이 결정되어질 수 있도록 도와주시옵소서.

오늘 귀한 시간 말씀을 전하시는 원로목사님을 기억하사 말씀에 능력과 권능을 주셔서 귀한 시간에 모든 성도들이 은혜받는 귀한 시간이 되게 하여 주시옵소서. 오늘도 변함없이 주님의 몸 된 교회를 돕는 주님의 일꾼들을 기억하사 늘 하나님의 은혜를 체험하며 봉사하는 주의 일꾼들을 축복하여 주옵소서.

특별히 귀한 시간 찬양으로 영광 돌리는 할렐루야 찬양대의 찬양을 기쁘시게 받으시옵소서. 언제나 우리와 함께하시며 동행하시는 예수 그리스도 이름으로 기도합니다. 아멘!

Prayer 016

2020.01.22 수요기도회

정추순 피택시무권사

   하나님 아버지 삼일 동안 은혜로 품어 주시고 예배자로 나와 말씀받게 하시니 감사드립니다. 그러나 깨어서 정신 차리고 주님을 위해 말씀과 기도로 기뻐할 삶을 살아 드리지 않고 형식과 습관적인 삶으로 살았습니다. 긍휼히 여겨 주시옵소서.

   담임목사님을 통해서 우리 심령이 새롭게 변화받기를 원합니다. 녹슬고 돌 같은 마음이 정결케 하심으로 이 시간 사슴이 2020년을 맞이했으니 주님 주신 은혜 소멸하지 않고 주님 바라보며 온전히 잘 감당해 나가도록 은혜로 함께 하옵소서. 그래서 신호등 교회가 빛과 소금의 역할을 잘 감당해 나가도록 은혜로 함께하여 주시기를 기도드립니다. 하나님 담임목사님 사역하시는데 능력으로 붙으사 세우실 때마다 은혜 받아 온 성도님 모두 건강하고 평안함으로 믿음의 복을 받고 원하는 꿈이 이루어지는 역사가 나타나게 하시옵소서.

   하나님 명절을 앞두고 많은 가족 친척들과의 만남이 있을 텐데 그리스도인답게 행함으로 본이 되고 화목하게 잘 지내며 복음도 전하고 은혜로운 설날이 되게 하시고, 감사로 영광 돌려 드리는 날이 많아지게 하여 주시옵소서.

   하나님, 부목사님, 세 분 전도사님 사역하시는데 힘든 일이 있을 때마다 위로해 주시고 담임목사님 뜻에 일치되어 지혜롭게 잘 감당해 나가실 수 있도록 귀한 은혜로 채워 주시옵소서. 예수님 이름으로 기도드립니다. 아멘!

Prayer 017

2020.01.26 주일 낮 예배

박종철 안수집사

능력의 말씀으로 우주를 창조하시고 영생의 말씀으로 우리를 불러 거듭나게 하신 하나님! 하나님의 그 은혜의 경륜을 따라 말씀으로 하늘의 비밀을 밝혀주신 아버지 앞에 감사와 찬송과 영광을 돌립니다.

오늘 저희들이 주일 지키면서 떠난 지난날의 생활을 반성하고 말씀에 가까이 나아가 새로운 진리를 발견하고자 하오니 주께서 이 시간을 주관하여 주시옵고 영의 눈을 밝게 하여 주시옵소서. 우리의 살 길을 말씀에 있음을 알고 말씀으로 돌아가는 새 시대가 이 시간을 통하여 열려지게 하옵소서. 좌우에 날 선 어떤 검도 예리한 말씀으로 우리의 심령과 골수를 찔러 쪼개어 주옵소서. 그 말씀이 우리의 생활 가운데 살아서 말씀대로 사는 저희들 되게 하옵소서. 백전백승의 삶을 이루어 주시옵소서. 2020년 하나님 나라와 의를 드릴 수 있는 가정과 직장 위에, 교회 위에 하나님 영광 받아 주시옵소서.

구정 설을 맞이하여 가족과 친지들에 하나님 영광을 들어 쓰시는 성도님 되게 하여 주시옵소서. 오고 가는 발걸음 하나님께 안보하여 주시고 인도하여 주시옵소서.

저희에게 허락하신 귀한 목사님을 위하여 기도하오니 겸손과 순종으로 최선을 다하여 섬기게 하시고 주의 말씀을 대언하실 때 큰 은혜를 더하며 말씀 듣는 모든 이들이 주님의 능력과 사랑을 경험하게 하옵소서.

모든 삶을 주께 맡기며 사랑이 많으신 예수님의 이름으로 기도드립니다. 아멘!

Prayer 018

2020.01.26 주일 오후 찬양예배

이슬 청년

사랑의 하나님 감사합니다. 거룩한 주일, 주님의 귀한 성전에 나와 부족한 입술로 찬양과 기도를 드릴 수 있게 하심에 감사를 드립니다.

우리를 너무나 사랑하시는 주님! 이 악한 세상은 주의 성도로, 주의 청년으로 살아가기에 너무나 어려운 가운데 있습니다. 남들은 나보다 세상을 너무 쉽게 살아가는 것 같고, 적당히 세상과 타협하여 살아가는 모습들이 끊임없이 유혹하고 있으며, 주의 거룩한 성도로, 말씀대로 살아가기에 지켜야 할 일들을 오히려 투정 부리며 살아가고 있음을 고백합니다. 저희들의 생각. 마음, 행동으로 지은 죄를 용서하여 주옵소서. 그리하여 세상 속 그들이 말하는 '적당한 신앙생활', 또 내 자신의 입맛대로 신앙생활을 하는 것이 아니라 주께 받은 은혜를 깊이 묵상하며 온전한 나를 드릴 수 있도록 인도하여 주옵소서.

우리 신호등 교회를 사랑하시는 주님, 우리 교회의 담임 목사님 허락하여 주셔서 감사합니다. 주시는 귀한 지혜와 능력을 가지고 하나님이 원하시는 뜻대로 귀한 교회를 잘 섬기시고 이끄실 수 있도록 인도하여 주시고 목사님을 돕는 부목사님, 전도사님들에게도 함께 하여 주옵소서.

주님. 저희들은 세상의 작은 어려움에도 쉽게 흔들리는 연약한 인간임을 고백합니다. 사람이 인정하는 것, 세상의 권세, 권력보다 하나님의 인정과 함께하심이 진정 주의 성도로, 주의 청년으로 살아가는데 가장 중요한 신앙의 가치임을 깨닫게 하여 주옵소서. 하나님의 능력보다 먼저 하나님의 함께하심을 구하는 주의 자녀로 주께 온전한 헌신. 순종을 올려 드릴 수 있도록 인도하여 주옵소서.

이 시간 우리 예배를 함께하여 주시는 주님. 이제 말씀을 듣습니다. 말씀을 대언하실 목사님 능력 주시고, 듣는 저희들은 귀와 마음을 열어 말씀으로 한 주간 순종의 모습을 드릴 수 있도록 인도하여 주옵소서.

주께 드리는 우리의 찬양과 기도를 진정한 고백으로 드리게 하여 주시고 마치는 시간까지 함께 하여 주시옵소서.

오직 주님만 홀로 영광 받으실 것을 믿사오며 예수님 이름으로 기도드립니다. 아멘!

생명과
의와 영광을
얻느니라

의와 인자를 따라 구하는 자는
생명과 의와 영광을 얻느니라
잠언 21:21

Prayer 019

2020.01.31 금요 영성 치유기도회
이미자A 시무권사

거룩하신 하나님 아버지! 오늘도 인도하심에 감사드립니다. 정녕 죽을 수밖에 없는 죄인들을 예수님의 십자가의 은혜로 용서해 주셔서 감사드립니다. 이렇게 용서받은 죄인들이 오늘도 하나님 아버지의 은혜를 사모하며 영광 올려 드리오니 받으시옵소서.

하나님 아버지, 올 한 해 우리 교회에 주신 사명과 본분을 믿음으로 잘 감당해 나갈 수 있도록 함께하여 주시옵소서. 담임 목사님의 목회 사역이 성령의 능력으로 힘 있게 하여 주시고 날마다 말씀으로 양 떼들을 이끌어 가시기에 조금도 부족함이 없도록 손잡아 주시옵소서. 2020년도에는 새롭게 꿈꾸는 것을 이루시는 하나님을 꼭 만날 수 있도록 우리의 믿음을 든든히 세워 주시옵소서. 기도하며 하나님을 만남으로 쉼을 얻는 우리의 일상이 되게 인도하여 주시옵소서.

하나님 아버지! 우리 교회 다음 세대들을 위하여 기도합니다. 새 학기를 시작하기 전 겨울 성경학교와 수련회를 준비하고 있습니다. 자녀들 선생님들 뿐만 아니라 모든 성도들이 이 일을 위하여 기도합니다. 우리 교회 다음 세대들이 세계를 품는 꿈을 꾸고 하나님 아버지의 크고 넓은 사랑을 찾아서 전하는, 아름다운 마음을 다지는 시간이 되어 방학으로 움츠렸던 몸과 마음이 활짝 펴지게 하여 주시고, 하나님의 사람들이 다 되게 하여 주시옵소서. 우리 교회 청년들을 보살펴 주시고 하는 일들이 하나님의 영광을 위한 충분한 일들이 되게 하여 주시옵소서.

특별히 준비하시는 부목사님과 세 분의 전도사님들께 힘과 능력을 더하여 주시고 앞으로의 사역에도 함께하여 주시옵소서.

하나님 아버지, 세계적으로 혼란한 가운데 있습니다. 신종 코로나 바이러스가 더이상 심각해지지 않게 도와주시옵소서. 지혜롭게 잘 대처할 수 있도록 하나님 아버지의 긍휼과 도우심만을 기다립니다. 마음을 뺏기지 않고 말씀과 기도에 예배에 더 집중할 수 있도록 도와주시옵소서.

이 시간 말씀을 전하실 목사님과 함께하여 주시옵소서. 오늘도 귀한 말씀에 은혜받고 하나님 제일 중심으로 살아가게 인도하여 주시옵소서.

구역에서 준비한 찬양을 받아 주시고 구역을 통하여 하나님 나라가 확장되게 하여 주시옵소서. 예수님의 이름으로 기도 합니다. 아멘!

그가 먼저 우리를 사랑하셨음이라

우리가 사랑함은 그가 먼저 우리를
사랑하셨음이라
요한1서 4:19

Prayer 020

2020.02.02 주일 낮 예배

김종상 안수집사

　부족한 저희들을 지극히 사랑하셔서 날마다 복된 삶으로 인도하시는 좋으신 하나님 아버지, 그 크신 사랑과 은혜에 감사와 찬양으로 영광 돌립니다. 하나님은 순간순간마다 저희들의 삶을 지켜주시고 가장 선하고 복된 삶으로 인도하시는 분이심을 분명히 믿습니다. 그 크신 사랑과 은혜를 기억하며 늘 저희들의 마음 가운데 감사와 찬양의 고백이 넘치게 하여 주시옵소서.

　오늘 하루도 복된 거룩한 주일을 허락하여 주시니 저희들의 마음과 정성을 모아 이 시간 온전히 하나님 앞에 드리게 하옵소서. 지난 한 주간 저희들의 삶을 돌아볼 때 낯을 들 수 없는 죄인임을 고백합니다. 세상의 빛과 소금으로 살아가라는 하나님의 명령에 순종하지 못하고 죄악 가운데 거하였사오니 부족한 저희들 용서하시옵소서. 하나님의 사랑의 은혜를 기억하며 살아갈 수 있도록 힘과 능력을 더하여 주시옵소서.

　이 나라의 모든 지도자들을 하나님께서 능력의 장중에 붙잡아 주시옵소서. 저들의 지혜와 명철을 더하게 하시고 겸손한 마음과 하나님을 두려워하는 마음을 갖게 하여 주시옵소서. 이 땅의 침체된 경제가 회복되게 하시고 좌절에 빠진 이들이 새로운 삶의 용기를 얻게 하여 주시옵소서. 우리 교회를 통하여 하나님의 뜻이 이루어지게 하옵소서. 담임목사님에게 말씀의 은사와 영적인 지도력을 갑절로 더하여 주시고 꿈과 비전을 갖고 기도할 때마다 큰 능력이 나타나며 도와주는 손길이 많아지게 하여 주시옵소서. 하나님의 역사가 끊이지 않는 교회가 되게 하옵소서. 예수 그리스도 이름으로 기도합니다. 아멘!

Prayer 021

2020.02.02 주일 낮 예배

이병윤 시무장로

하나님께 가까이 함이 복이라고 말씀하신 하나님 아버지! 하나님께서 우리를 자녀 삼으시고 성숙한 자녀로 성화되기 위하여 오늘도 거룩한 주일 주님 앞에 나와서 예배하게 하심을 감사드립니다.

죄와 허물로 인하여 죽었던 저희들을 사랑하시되 독생자 예수 그리스도를 십자가에 내어 주심으로 우리는 사망의 몸에서 영생이 몸으로 인도하여 주심을 감사드립니다. 구속의 은혜를 감격하며 우리의 모든 정과 욕심을 십자가에 못 박게 하시고, 그리스도를 믿는 믿음 안에 살아갈 수 있도록 힘을 더하여 주시기를 기도합니다. 육신의 정욕과 안목의 정욕, 이생의 자랑에 얽매여 세상과 짝하여 살면서 달콤한 유혹들을 뿌리치지 못하여 타협하며 하나님의 영광을 가렸던 일들을 회개하오니 용서하여 주옵소서.

하나님 아버지! 능력 주시는 자 안에서 한국교회가 다시 일어나기를 기도 합니다. 영적인 침체를 벗어나 다시 기도로 뜨거워지는 교회와 성도들이 되기를 기도합니다. 주님의 몸 된 신호등 교회도 다시 꿈꾸는 교회가 되기를 기도 합니다. 모이면 기도하고 흩어지면 전도하여 세상 사람들을 강권하여 데려다가 빈자리를 채울 수 있기를 기도 합니다. 특히 교회가 결정하고 진행 중에 있는 러시아 노바야 교회를 통한 노보샥신 지역의 선교의 꿈이 이루어지기를 기도합니다.

하나님 아버지, 우리나라의 혼란한 정치가 당리당략에서 벗어나 백성을 위한 정치가 이루어지기를 기도합니다. 침체에 빠진 경제가 속히 회복되어 젊은이들이 내일을 향한 꿈과 직장을 갖기를 기도합니다.

　중국 우한 지역에서 발생한 신종 코로나 바이러스로 인한 폐렴의 공포에서 벗어날 수 있도록 이 땅을 치료하여 주시기를 기도합니다. 주님은 우리의 은신처요 방패이시오니 믿음의 주요 온전케 하시는 예수 그리스도를 바라보고 믿음으로 이겨내기를 기도합니다

　교회학교의 겨울 성경학교와 수련회를 통하여 다음 세대들이 말씀 속에서 하나님의 뜻을 알게 하시고 기도 가운데 장래의 큰 꿈을 갖기를 기도합니다.

　예정된 많은 하나님의 백성들에게 복음이 전하여 질 수 있도록 은혜를 베풀어 주시고, 선교의 사명을 마치고 나오신 원로목사님과 사모님, 두고 온 교회와 성도들을 위하여 기도하시는 마음을 위로하여 주시기를 기도합니다.

　한 주간 기도와 묵상으로 말씀을 준비하신 목사님. 선포되는 말씀 속에서 성령의 능력이 살아 역사하는 시간이 되게 하시고, 말씀을 들은 모든 성도들이 하나님 앞에서 진실하고 거룩하며 어떤 상황에서도 주님을 신뢰할 수 있는 담대한 믿음을 갖기를 기도합니다.

　예배 후 한 주간 세상에서 살 때에 지명하여 부르신 하나님의 말씀을 확실히 믿고 두려움을 떨쳐 버리고 담대함과 확신을 갖고 승리의 찬송을 부르며 살기를 기도합니다. 팝스와 할렐루야 찬양대의 찬양을 홀로 흠향하여 주시옵기를 바라오며 예수님의 이름으로 기도합니다. 아멘!

Prayer 022

2020.02.03 월삭기도회

박태연 시무권사

존귀하신 하나님 아버지! 2월 첫 날을 구별하여 주님 앞에 월삭 예배로 드리게 하심을 감사드립니다. 2020년 새해를 시작으로 지난 한 달을 주님의 은혜로 지켜주심을 감사합니다. 오늘 이 예배를 통하여 우리 속에 정한 마음을 창조하시고 정직한 영을 새롭게 하여 주옵소서. 주의 성령을 거두지 마시고 다시 회복의 은혜를 부어 주옵소서. 사람의 욕심과 무지로 생긴 코로나 바이러스의 불쏘시개가 되어 주님의 뜻이 이루어지게 하여 주옵소서.

저희 교회의 40년의 믿음의 역사를 이어 갈 수 있도록 여기까지 인도하여 주심을 감사합니다. 주의 강단의 성령의 기름 부으심이 끊이지 않는 교회가 되게 하여 주옵소서. 주님의 뜻 가운데 세워진 노보야 교회를 중심으로 세계의 선교의 문이 더 넓게 확장되어 주님의 나라가 임하게 하여 주옵소서. 가정마다 저희 모두가 믿음의 본이 되어 자녀들을 통하여 신앙의 계보를 이어 갈 수 있도록 주님의 은총을 내려 주옵소서.

하나님 아버지! 다음 세대를 위해 기도하며 계획하고 있는 겨울 성경학교와 수련회에 주님이 함께 하여 주옵소서. 교사들의 수고와 교역자분들의 영적 리더십이 저들의 심령 위에 밑거름이 되어 주님이 사용하시는 복음의 씨앗이 자라날 수 있도록 은혜를 부어 주옵소서.

변함없이 주님의 마음으로 기도하시며 말씀과 사역을 감당하시는 담임목사님의 안위를 늘 지켜주옵소서. 가정을 평안하게 인도하여 주옵소서. 강대상에서 말씀을 선포하실 때마다 말씀의 권세가 임하게 하시고 듣는 저희들은 회개와 돌이킴으로 다시 꿈을 꾸고 이루어 가실 하나님의 새로운 역사를 체험하는 귀한 한 달이 되게 하여 주옵소서. 성도의 자랑은 거룩임을 저희들이 다시 깨닫게 하시고 십자가로 승리하신 주님을 바라보며 승리하며 살아가도록 주님 도와주옵소서.

4부 여전도회가 준비한 귀한 찬양을 기뻐 받아주시고 4부 여전도회가 오직 성령의 도구로만 쓰임 받도록 은혜 내려 주옵소서. 모든 말씀 거룩하신 예수님 이름으로 기도하옵나이다. 아멘!

강하고 담대하라

강하고 담대하라 여호와를 바라는 너희들아
시편 31:24

Prayer 023

2020.02.05 수요기도회

박미향 피택시무권사

하나님 아버지! 일찍이 저희들을 사랑하셔서 주의 자녀 삼아주시고 하나님을 아바 아버지라 부를 수 있는 특권을 주심을 참으로 감사합니다. 지금까지 주의 은혜에 힘입어 여기까지 왔음을 고백합니다. 그럼에도 불구하고 저희들은 늘 세상을 바라보며 세상 것을 의지합니다. 헛된 것에 마음과 생각을 빼앗기고 주의 말씀을 가까이 아니 하였습니다. 우리의 미련함과 어리석음을 불쌍히 여겨주시고 용서하여 주시옵소서.

오늘도 세상에서 지친 몸과 마음을 이끌고 주님의 은혜로 수요예배 자리에 나왔습니다. 아바 아버지! 이스라엘 백성의 신음소리를 들으신 하나님. 지금 우리의 신음 소리를 들으소서. 다시금 온전히 아버지만 의지하도록 약속의 말씀으로 위로하소서. 지금도 우리를 지키시고 보호하시며 환란과 고통에서 건져내어 축복의 길로 인도하시는 하나님임을 다시금 깨닫게 하여 주시옵소서. 언약을 이루시는 하나님을 믿고 신뢰하고, 순종하는 삶을 살게 하여 주시옵소서.

은혜의 하나님! 이 나라를 구원하여 주시옵소서. 신종 코로나 바이러스로 불안과 두려움 속에 생명의 위협을 받으며 전 세계가 혼란 속에 있습니다. 경제는 더욱 하락하며 교회 또한 모임을 두려워하고 있습니다. 더 이상 확진자가 생겨나지 않도록 막아주시고 사멸하여 주시어서 경제와 정세가 회복되고 평안으로 인도하여 주시옵소서.

하나님 아버지! 원로목사님과 사모님의 영육을 강건케 하시고 노년의 삶을 더욱 아름다운 여정으로 축복하여 주시옵소서. 노보야 교회를 주관하시고 이끌어 주시어 주님의 나라가 땅끝까지 이루어지게 하옵소서.

 주님의 마음으로 성도들을 돌보시며 기도하시는 담임목사님, 성도들을 바른 길로, 옳은 길로, 의의 길로, 인도하시기에 부족함이 없도록 성령의 기름부음이 충만케 하여 주시옵소서. 이 시대의 영적 지도자로 부족함이 없도록 지혜와 명철을 더하여 주시고 영육을 강건케 하여 주시옵소서. 올해의 목회 사역 위에와 대심방 위해 함께 하시어 각 가정과 신호등 교회에 생명수가 강물처럼 넘쳐흘러 꿈과 희망이 되살아나고 사업장과 일터가 부흥하며 이 지역을 살리는 신호등 교회가 되게 하여 주시옵소서

 겨울 성경학교와 수련회가 있습니다. 처음부터 끝까지 하나님께서 주관하시고 함께하여 주시어 하나님을 만나고 하나님의 음성을 듣고 하나님을 알아가는 지혜를 더하여 주시고 혼탁한 이 시대에 영적 분별력을 가지게 하시며 새롭게 꿈을 꾸어 하나님이 쓰시기에 합당한 자로 준비된 자 되게 하여 주시옵소서. 특별히 교회학교 교사들에게 성령 충만함과 말씀으로, 기도로, 주의 사랑의 능력으로 가르치는데 부족함이 없도록 지혜를 더하여 주시옵소서.

 부목사님과 전도사님, 세 분에게도 함께 하시어 담임목사님의 목회 사역을 돕는 동역자로 교회를 세우고 하나님 뜻을 이루어 가는데 부족함이 없도록 영육을 강건케 하시며 성령님 함께하여 주시옵소서. 교회에 아픈 분들이 있습니다. 어렵고 힘든 가정이 있습니다. 살피시고 위로하여 주시며 치유의 손길이 임하여 주시옵소서. 주님의 은혜와 평강이 성도들 가정에 임하여 주시고 축복하여 주시옵소서.

 이제 말씀을 듣겠습니다. 목사님의 말씀에 능력 있게 하시고 저희들은 주의 음성에 귀 기울이게 하시사, 우리의 믿음을 점검하며 이 땅에서의 매임에서 참 자유함을 얻게 하여 주시옵소서. 먼저 그의 나라와 의를 구하는 믿음의 권속 되어 하나님께 영광 돌리게 하여 주옵소서. 우리를 죄에서 구원하신 예수님 이름으로 기도드립니다. 아멘!

Prayer 024

2020.02.07 금요 영성 치유기도회
박순기 시무권사

사랑이 많으시고 자비로우신 하나님 아버지! 지난 5일 동안도 하나님의 따뜻한 사랑과 보호하심 속에 살다가, 오늘 밤 몸 된 교회로 다시 불러 주시어 주님을 만날 수 있도록 인도하심을 감사합니다.

하나님 아버지! 참으로 저희들의 모습을 아름답지 못하고, 추악한 것들로 가득 차 있음을 고백합니다. 주님의 말씀을 통하여 새롭게 변화되어 주님의 영광을 드러내고, 말씀을 듣고 순종하여 우리의 참된 소망과 진리 되신 주님을 매일 사모하며, 그 마음을 본받아 뜻 가운데 거하는 자녀 되게 하옵소서.

하나님 아버지! 이 심야기도회를 통하여, 하나님께 간절히 기도합니다. 찬양과 말씀 가운데 은혜받아 기도를 통하여 시험 든 성도는 영성이 회복되고, 질병 가운데 있는 환우는 치유함을 받고, 물질 때문에 고통받는 분은 물질의 축복받아 해결되는 이 심야기도회가 되게 하옵소서.

하나님 아버지! 새해에는 말씀을 사모하며 순종하고, 주의 일을 감당하며 나아갈 수 있도록 큰 믿음 주옵시고, 때때로 삶의 무게가 우리를 힘들게 할지라도, 이생의 부함과 평안만이 우리의 전부가 되지 말게 하시며, 우리를 구원하신 주님으로 인해, 감사하며 더 큰 감사의 삶이 되도록, 역사하여 주시옵소서.

하나님 아버지! 원로 목사님과 사모님을 위하여 간절히 기도드립니다. 원로 목사님과 사모님 , 영육의 강건함을 지켜 주옵시고, 노보야 교회에 꼭 필요한 영적 지도자를 보내 주시어, 러시아 노보야 교회에 큰 부흥이 일어날 수 있도록 역사하여 주옵소서.

하나님 아버지! 2020년 교회학교 겨울 성경학교와 수련회가 준비 중에 있습니다. 교회학교를 이끌어 가시는 전도사님들과 교사 선생님들이 잘 준비하여, 유치부, 중고등부, 청년부, 겨울 성경학교와 수련회를 통하여 말씀 속에서 하나님을 알게 하시고 하나님을 만나 큰 꿈을 꾸는 다음 세대들이 다 되게 하옵소서.

하나님 아버지! 우리 담임목사님을 위해 기도합니다. 먼저 영육 간에 강건함을 주시고 말씀을 선포하실 때, 입술의 권세를 주시어 놀라운 능력이 나타나게 하옵시고, 가정의 평안과 기도하는 모든 일들이 다 형통하게 하옵소서. 부목사님과 세 분의 전도사님들에게도 늘 건강을 지켜 주옵시고, 성령 충만, 능력 충만케 하시어 사역하시는데 어려움이 없도록 인도하여 주옵소서.

하나님 아버지! 목사님께서 말씀을 증거 하실 때, 말씀에 귀 기울여, 듣는 자들이 성령의 역사하심을 체험하고 은혜받아 영성이 회복되어 상하고 찢긴 심령들이 위로를 받게 하옵시고, 주님이 주시는 참된 평안과 기쁨을 얻게 하여 주시옵소서.

하나님 아버지! 구역의 찬양을 기쁘게 받아 주시고, 축복하여 주옵소서. 이 예배를 홀로 영광 받아 주실 줄 믿사오며, 예수 그리스도의 이름으로 간절히 기도드리옵나이다. 아멘!

Prayer 025

2020.02.09 주일 낮 예배

오영환 안수집사

은혜로우신 하나님 지난 한 주간도 우리가 머무는 곳이 하나님의 축복이요 감사였습니다. 또한 뒤돌아보면 죄는 아홉인데 죄를 깨닫지 못하고 여전히 죄악과 더불어 바쁘게 살아가고 있습니다. 죄가 쌓이고 쌓여서 바다 모래알처럼 많아 예수님을 십자가에 못 받고 있습니다.

하나님! 용서하여 주옵소서. 은혜로우신 하나님, 오늘도 마음의 중심을 보시는 주님 앞에 예배자로 왔습니다. 하나님, 우리의 마음이 하나님을 기쁘게 하는 예배자가 되기를 진심으로 원합니다. 주님, 듣고자 하는 마음을 주옵소서. 우리의 생각이 아닌 성경에 기록되어있는 예배자의 마음 자세 신령과 진정으로 예배하는 마음을 주옵소서.

은혜로우신 하나님! 우리 신호등 교회가 이 계산지역에서 하나님 나라를 세워가는 청지기가 되기를 기도합니다. 하나님 지금 이 세상은 신앙적으로 교육적으로 경제적으로 가정적으로 너무도 힘든 시대를 살아가고 있습니다. 영적 일과 육신의 일을 분별하지 못하고 살아가고 있는 우리에게 영적 분별력을 주옵소서. 하나님, 우리 교회가 기도하는 교회가 되기를 원합니다.

오늘도 말씀을 전하시는 목사님께 능력을 주시어 목회자로서 이 시대에 크게 쓰시는 목사님 되게 하옵소서. 오늘도 말씀을 듣고자 교회로 찾아오시는 모든 성도님들께 예배자의 복과 가정의 평안과 사업장 직장 학업 모든 곳에 하나님의 축복이 있기를 기도드리옵나이다. 아멘!

Prayer 026

2020.02.12 수요기도회

유신자 피택시무권사

    거룩하시고 자비로우신 하나님, 우리에게 생명을 주시고 예수 그리스도의 십자가의 피로 구속해 주신 하나님의 사랑을 찬양합니다.

    수고하고 무거운 짐 진 우리를 부르시고, 이 시간 우리의 지친 몸과 영혼을 위로하시는 하나님께 우리 삶의 우선순위를 주님께 둘 수 있게 하시고, 세상의 유혹과 탐욕에 빠지지 않도록 우리에게 믿음을 더하여 주옵소서. 우리 중에 삶에 지치고 시험에 빠져 방황하는 이나 병든 자가 있으면 그들의 몸과 마음을 어루만져 주셔서 치료하시고 성령의 충만함을 더하여 주옵소서. 직장문제나 결혼문제, 학업문제를 놓고 기도하는 이들에게 주의 기쁘신 뜻대로 인도하시어 형통하게 하옵시고, 그 외 여러 가지 어려움으로 고통당하는 이들마다 주님께서 만나 주시고 위로하시고 도와주옵소서.

    이 나라와 이 민족에게 새로운 은혜를 내리사 하나님의 말씀을 믿고 그 진리대로 살게 하시며 모든 악과 위선을 버리고 공의와 사랑을 추구하게 하옵소서.

    하나님, 이 나라가 아니 전 세계적으로 신종 코로나로 말미암아 많은 사람들이 두려움에 떨고 있습니다. 이 전염병을 통하여 믿는 저희들이 깨어 기도할 수 있게 하옵소서. 하나님의 크신 계획과 뜻을 알게 하시어 살아 역사하시는 믿음을 더하여 주옵소서.

    우리 신호등 교회를 사랑하시는 하나님, 우리 교회가 하나님께서 맡기신 일을 충실히 감당하며 하나님의 복음을 통하여 모든 환경을 이기고 주의 복음이 담대히 전파

되어 믿는 자들이 날마다 더하여지게 하옵소서. 신종 코로나 바이러스라는 재앙 속에서도 굴하지 않고 하나님을 섬기는 일에 최선을 다하고 하나님의 뜻을 이루어가는 우리 신호등 교회가 되게 하옵소서.

이번에 준비된 겨울 성경학교와 수련회를 통하여 다음 세대들이 꿈을 꾸며 나아갈 때 그 꿈을 이루시는 살아계신 하나님을 만나 예수님의 성품이 인격이 될 수 있게 하옵소서.

담임 목사님을 위하여 기도합니다. 올해도 기도하시며 목회 사역을 감당하실 때 어떠한 유혹이나 미혹에 빠지지 않게 성령님 붙들어 주시고 새 힘을 부어 주셔서 강건함으로 성령님의 권능이 능력이 되게 하옵소서. 부목사님 또한 세 분의 전도사님 사역 위에 기름 부어 주시고 늘 건강으로 붙들어 주셔서 맡은 사역 감당하실 때 어려움 당하지 않도록 도와주옵소서.

원로 목사님과 사모님 늘 건강으로 지켜주시고 러시아 노보야 교회가 하나님의 뜻 안에서 좋은 사역자를 보내주시어 노보야 교회를 통하여 그 땅에 복음 전파가 이루어져 하나님의 나라가 확장되게 하옵소서.

이 시간 말씀을 듣겠습니다. 말씀을 통하여 하나님의 선한 뜻을 알게 하시고 성령님께서 우리 마음에 평강과 기쁨이 넘치는 귀한 시간이 되게 하여 주옵소서. 예수님 이름으로 기도 하옵나이다. 아멘!

Prayer 027

2020.02.14 금요 영성 치유기도회

이재순 시무권사

내가 산을 향하여 눈을 들리라, 나의 도움이 어디서 올까?
나의 도움은 천지를 지으신 여호와에게서로다.
여호와께서 너를 실족하지 아니하게 하시며 너를 지키시는 이가
졸지 아니하시리로다.

하나님 아버지 감사드립니다. 한 주간의 삶을 동행해 주셨다가 오늘 이 저녁 주님 만나러 성전에 오르게 하시니 감사드립니다. 아버지를 사랑하는 성도들이 이 자리에 올라왔습니다. 이 증거가 저희들에게 가장 큰 힘이 되게 하여 주시옵소서. 주님이 우리의 삶에 승리가 되어 주옵소서.

세상이 흉흉한 이때에 우리가 세상의 방식이 아닌 하나님의 방법으로 믿음의 삶을 살아내게 도와주시옵소서. 성도들의 온전한 승리는 하나님 안에서의 승리임을 고백합니다. 저희들 선으로 악을 이기는 승리를 얻게 하옵소서. 믿음으로 이기는 승리는 하나님의 말씀과 사랑이 실현되는 승리입니다. 저희들이 좀 더 성숙한 믿음의 성도가 되게 하여 주시옵소서.

우리 교회를 사랑하셔서 여기까지 인도하신 하나님 감사드립니다. 곧 시작되는 중고등부 수련회를 시작으로 청년부 수련회와 유치부, 아동부 성경학교를 축복해 주옵소서. 우리 아이들이 주님을 만나는 귀한 시간이 되게 하시고 영적 성장이 있는 수련회와 성경 학교가 되게 하옵소서. 가는 길, 오는 길을 안전하게 지켜주시고 사소한 안전사고도 일어나지 않도록 세밀하게 돌보아 주시옵소서.

원로 목사님과 사모님 선교사역 위에 기름 부어 주시고 노보야교회를 이끌어갈 사명감 있는 목회자를 보내주시옵소서.

늘 말씀을 준비하시는 담임 목사님께 성령의 이끄심과 주님의 음성에 귀 기울이게 하시고 하나님의 도우심으로 성도들을 늘 푸른 풀밭 맑은 시냇가로 인도하시게 조금도 부족함이 없도록 기름 부어 주시옵소서.

2월 27일부터 시작되는 봄 대심방을 축복해 주셔서 가정들은 기도로 준비케 하시고 이번 심방을 통하여 각 가정마다 기도의 제목들이 응답받으며 많은 축복의 간증들이 생겨나는 심방이 되게 하여 주시옵소서.

목사님을 보필하시는 부목사님과 세 분의 전도사님께도 가정의 평안과 강권함으로 함께하여 주셔서 맡겨진 사역 잘 감당케 하옵소서.

이 저녁, 가지고 온 기도의 제목들이 응답받게 해 주시고 말씀으로 승리하는 믿음의 삶이 되게 하옵소서. 구역의 찬양을 받아 주시옵소서. 예수님 이름으로 기도드립니다. 아멘!

축복하고
저주하지 말라

너희를 핍박하는 자를 축복하라
축복하고 저주하지 말라
로마서 12:14

Prayer 028

2020.02.16 주일 낮 예배

김연길 안수집사

'항상 기뻐하라. 쉬지 말고 기도하라. 범사에 감사하라.
이것이 그리스도 예수 안에서 너희를 향하신 하나님의 뜻이니라'

사랑과 은혜가 많으신 하나님 아버지! 감사와 찬송을 올려 드립니다. 한 주간도 하나님 은혜로 지켜주셨다가 거룩하고 복된 주님의 날에 몸 된 교회에 나와 예배드릴 수 있도록 인도하여 주심에 감사드립니다.

하나님 아버지! 우리 성도님들, 한 주간을 세상에서 주어진 일을 하면서 믿음으로 삶을 살아야 할 성도님, 세상 유혹 속에서 빠져 살았음을 고백합니다. 이 시간 회개하오니 다 용서하여 주시옵소서.

하나님 아버지! 교회를 위해 기도드립니다. 우리 신호등 교회를 축복해 주시고 성령 충만하게 은혜 내려 주시옵소서. 우리 교회가 영적 신호등의 역할을 잘 감당하는 교회 구원의 방주가 되게 하여 주시옵소서.

담임목사님을 위해 기도드립니다. 하나님 아버지, 목사님 늘 영육이 강건하게 지켜주시고, 말씀에 권능과 능력을 내려주시고, 신호등 교회 양무리 꼴을 먹이실 때에도 조금도 부족함이 없게 하시고, 하나님께 크게 쓰임 받으시는 목사님으로 성령 충만하게 은혜 내려 주시옵소서.

부목사님과 세 분의 전도사님 동일한 은혜를 내려주시고, 담임목사님을 잘 섬기는 동역자가 되게 하시며, 주어진 어린양들을 말씀으로 잘 양육할 수 있도록 은혜 내려 주시옵소서.

우리 다음 세대인 교회 학교를 위해 기도드립니다. 하나님 아버지 다음 세대인 교회 학교를 축복해 주시고, 꿈꾸는 교회학교 친구들이 다 되게 하여 주시고, 아버지께서 이루어 주시옵소서. 오늘부터 시작되는 중고등부 수련회와 청년회 수련회와 영유치부, 아동부 성경학교를 하나님 은혜로 시작합니다. 기름 부어 주시고 겨울 성경 학교와 수련회를 통해 하나님을 만나는 은혜를 내려주시고 교회 학교에서 세계적인 인물도 나오고 주의 종도 나오는 주의 역사가 일어나게 인도하여 주시옵소서.

하나님 아버지, 지금 전 세계가 신종 코로나 바이러스로 불안에 떨고 있습니다. 하루속히 질병이 다 거두어 주시고 우리 교회학교도 성경학교와 수련회를 은혜롭게 잘 마칠 수 있게 은혜 내려 주시옵소서.

이 시간 말씀을 전하실 목사님 말씀에 능력과 권능을 내려 주시고 피곤치 않으시도록 은혜 내려 주시고 말씀을 듣는 성도님 귀가 열리고 마음 밭에 심기어 은혜의 시간이 되게 하여 주시고 한 주간도 믿음과 말씀으로 승리의 삶을 살 수 있도록 인도하여 주시옵소서. 이 모든 기도 우리를 죄에서 구원하여 주신 예수님 이름으로 기도드립니다. 아멘!

Prayer 029

2020.02.16 주일 낮 예배

이양모 시무장로

하나님 아버지! 오늘도 주의 택한 백성들이 주일을 맞아 원근 각처에 흩어져 있던 성도들이 주님의 전에 나와 예배하게 하심을 감사합니다. 예배 가운데 성령께서 임하셔서 영광 받아 주시고 저희들은 온전함으로 드려지는 예배자가 되게 하옵소서.

독생자 예수 그리스도를 보내 주시고 십자가에 달리심으로 저희들의 죄를 사하여 주신 것을 생각하며 우리의 모든 것을 다 드려도 갚을 길 없음을 고백합니다. 하오나 마음과 뜻과 힘을 다하여 하나님을 섬기지 못했습니다. 또한, 육신의 것에 얽매여 주님의 영광을 가리운 적도 있었음을 고백합니다. 이제는 주를 향한 열정과 믿음도 식어져 가고 감사가 메마르고 기도에 게으른 저희들입니다. 바라옵나니 오직 주님만을 뜨겁게 사랑하는 열정과 믿음이 회복되어 하나님의 충성된 주의 일꾼들이 되어질 수 있도록 역사하여 주옵소서.

변함없이 우리 교회를 사랑하시는 아버지 하나님! 은혜 가운데 기도하며 준비하는 교육부의 성경학교와 수련회가 준비 중에 있사오니 이번 기회를 통하여 우리 교회 다음 세대들 믿음의 자녀들이 말씀으로 변화되게 하시고 은혜를 충만히 받아 앞으로 이 나라에 존귀한 자들로 다 쓰임 받는 복된 믿음의 자녀들이 되어질 수 있도록 역사하여 주옵소서. 이 일을 위해 기도하며 준비하는 우리 선생님들의 수고와 헌신이 복이 되게 하옵소서.

아버지 하나님! 지금 이 나라와 온 세계가 신종 코로나 바이러스의 두려움과 공포 속에서 혼란스러워 하고 있습니다. 전능하시며 만물을 주관하시는 하나님 아버지께서 이 백성들을 불쌍히 여기시어 바이러스가 더 이상 확산되지 않고 진정되게 하여 주시옵소서. 또한, 우리 신호등 교회 모든 가정들은 영의 눈을 밝히사 이 환난을 통해 우리에게 주시는 뜻을 분별하게 하시고 말씀과 은혜의 자리에서 기도로 깨어있는 저희 모두가 되게 하여 주옵소서.

아버지 하나님! 우리 믿음의 가정들을 기억하사 평안하게 하시고 항상 기쁨과 감사하는 일들만이 가득하게 하시고 또한 건강의 문제로 어려움을 당하는 성도들도 있사오니 하루속히 건강이 회복되게 하시고 소외되며 어려움에 있는 성도들 또한 회복되어지는 은혜가 있게 하옵소서. 시험에 들어 있는 성도에게는 하나님을 만나는 성령님의 역사가 있게 하여 주셔서 모두가 평안하며 성숙 되어져 가는 모든 성도와 교회가 되게 하여 주옵소서.

아버지 하나님! 담임목사님을 기억하사 올 한 해도 영과 육을 강건케 하시고 말씀의 능력과 권능을 주셔서 주의 사역을 성령의 충만함으로 지혜롭게 감당할 수 있도록 붙들어 주옵소서.

귀한 시간 원로 목사님과 사모님을 기억하사 영과 육을 강건케 하시고 하시는 모든 일들이 은혜롭게 잘 진행되게 하옵소서. 또한 육신적으로 건강함을 주시고 섬기시던 노보야 교회에 선하신 선교사님이 결정되어질수록 인도하여 주셔서 노보야 교회를 통하여 하나님의 선하신 뜻을 저희들이 알게 하여 주옵소서

오늘 귀한 시간 말씀을 전하시는 원로 목사님 붙들어 주셔서 말씀의 능력과 권능을 주시고 모든 성도들 은혜 받아 한 주간도 승리의 삶을 살아갈 수 있도록 역사하여 주옵소서. 오늘도 예배를 위해 수고하는 주의 손길들을 붙드사 그들의 삶이 복 되게 하시고 위로부터 주시는 은혜를 받는 귀한 역사가 있게 하옵소서. 우리의 구원이시요 소망이 되시는 예수님의 이름으로 기도합니다. 아멘!

Prayer 030

2020.02.16 주일 오후 찬양예배

장혜진 청년

　주님 감사합니다. 지난 한 주간 동안 보살펴 주시사 귀한 시간 허락하시어 이 자리에 나와 예배드리게 하심에 감사드립니다.

　세상의 유혹과 핍박 속에서 건져주시고 나약해지려 할 때마다 주님께 의지하며 나아갈 수 있게 하시고 오늘도 보잘것 없는 저희를 부르셔서 사랑으로 감싸 안아 주심에도 감사드립니다. 이런 감사에 응답하여 주님께 바라기만 하는 신앙이 아닌 드리는 신앙을 가질 수 있게 하여서 매 순간순간을 귀하게 생각하는 저희 되게 하여 주시옵소서. 먼저 귀한 찬양으로 주님께 영광 돌릴 수 있게 하신 저희 찬양단도 기억하시어 축복하여 주시고 더 풍성한 감사와 은혜로써 이 예배를 온전히 주님께 바칠 수 있는 저희 모두가 되게 해 주시옵소서.

　먼저 저희 사랑하는 청년들을 위해 기도합니다. 점점 꿈을 잃어가는 이 청년들을 불쌍히 여기시어 낮과 밤을 지켜주시옵소서. 항상 주님 울타리 안에서 주님의 길로 나아가고자 할 때 그 길을 보여 주시사, 도중에 그 어떤 시련과 위험이 닥쳐와도 이겨낼 수 있는 용기와 담대함을 허락하여 주시고, 주님이 주신 달란트를 마음껏 펼치는 저희 청년들이 될 수 있게 도와주시옵소서. 아직 너무나 연약한 어린양입니다. 세상 속에서 흔들리지 않게 도와주시고 저희가 서로를 의지하여 주님 거룩한 말씀 나누고 교제하고, 함께 기도하면서 주님께서 예비해 놓으신 길로 바르게 나아가는 믿음의 청년부 되게 도와주시옵소서.

　주님, 저희 교육부서들이 성경 학교와 수련회를 준비하고 있습니다. 이를 위해 기도하시는 담임 목사님과 부목사님, 전도사님들 그리고 성도님들도 기억하셔서 그들의 기도 위에 은혜에 은혜를 부어주시고 다치는 사람 없이 잘 마무리될 수 있게 인도하여 주시옵소서. 이 수련회를 통해 닫힌 마음이 열려지고 포기해서 마음 깊숙한 곳에 넣어둔 꿈들이 다시금 일어나 주님의 꿈을 비전으로 삼아 나아가는 저희 교회학교와 중고등부, 청년부가 되게 하셔서, 이 교회와 이 나라를 일으켜 나가는 귀한 일꾼들 되게 하여 주시옵소서

또한 이 자리에 나오지 못한 주의 자녀들에게도 동일한 은혜 허락하시어 성령님 마음 잃지 않게 도와주시옵고, 주님 전에 나와 무릎 꿇고 기도하여 살아계신 주님 안에서 행하신 놀라운 일들을 세상에 전할 수 있는 믿음의 자녀들 될 수 있게 은혜 허락하여 주시옵소서.

한 사람, 한 사람 모두를 편견 없이 사랑하시는 주님! 저희 신호등 교회도 날마다 지켜 주시사 꿈을 가진 교회, 항상 찬양과 감사가 흘러넘치는 믿음의 교회 되게 하실 줄 믿습니다. 저희의 믿음이 후대에 자손들에게도 전해져 믿음의 계보를 이어나가는 교회 되게 하여 주옵소서.

저희 교회를 위해 수고하시는 교역자 분들도 사랑하시고 축복하시사 주님일 감당하실 때에 영과 육을 강건하게 해 주시고, 전하시는 말씀으로 인해 저희의 믿음의 눈이 열리는 놀라운 역사 행해질 수 있게 인도해 주시옵소서.

이제 말씀을 들을 시간입니다 전하시는 목사님께 성령님의 은혜 더하시고 힘을 더해 주시옵고 마치는 순간까지 주님께서 주관하시는 예배, 인도해 주시옵소서. 언제나 저희와 함께 하시는 예수 그리스도의 이름으로 기도드렸습니다. 아멘!

Prayer 031

2020.02.19 수요기도회

정혜경 피택시무권사

하나님 아버지! 감사합니다. 주님의 은혜 가운데 삼일 동안 지켜주시고 보호하여 주신 하나님 감사합니다. 주님의 사랑 안에 저희들을 품어주시고 우리의 삶 속에 항상 동행하시며 주님의 섭리를 깨닫게 하시고 저희를 위하여 주무시지도 않으시고 기도하신 주님 그 큰 은혜와 그 큰 사랑을 진정 감사드립니다.

저희들을 통해 영광 받으시길 원하신 주님, 진리의 말씀 안에 저희들이 굳건하게 서며 분별된 삶과 진실하여 의에 열매를 맺어 본이 된 삶을 삶으로 주님을 알지 못한 영원들의 본이 될 수 있도록 도와주시옵소서.

하나님의 나라를 확장시키기 위해 애쓰시는 원로 목사님과 사모님, 어디 계시든지 항상 건강으로 채워 주시옵소서. 저희 담임 목사님, 주님의 교회를 돌보시느라 이 모양, 저 모양으로 애쓰시는 줄 압니다. 저희 목사님께 주님이 주신 새 힘과 능력으로 채워주셔서 조금도 지치지 않고 건강으로 늘 지켜주시옵소서. 부목사님과 세 분의 전도사님께도 주님께서 항상 붙잡아주셔서 감사와 기쁨으로 주님의 사명을 잘 감당하실 수 있도록 인도하여 주시옵소서.

겨울 성경학교와 수련회가 진행 중에 있습니다. 주님께서 어린 심령들에게 성경학교를 통해 구원에 주님을 만나게 도와주시옵고, 주님께서 살아계심을 체험하여 그 작은 마음에 주님에 믿음의 씨가 자라게 도와주시옵소서. 키가 자라며 믿음도 자라서 많은 열매를 맺어 이 시대를 이어받아 하나님께 큰 뜻과 비전을 가지고 믿음으로 승리하는 친구들 되게 도와주시옵고, 교사들에게도 주님께서 함께하여 주시옵고, 성경학교와 수련회를 준비하는 가운데 지치지 않게 도와주시옵소서. 날마다 주님께서 주신 능력으로 어린 심령, 심령을 마음에 품고 기도하여 결실을 맺는 교사들 되게 도와주시옵소서.

대심방을 준비하는 가운데 있습니다. 저희들 심령이 기도와 말씀을 사모하는 준비된 모습이 되어서 주님께서 함께하신 임마누엘 가정들이 다 되어질 수 있도록 성령 충만함을 주시옵소서. 말씀을 통하여 가정의 모든 문제들이 해결 받을 수 있도록 도와주시옵소서.

이 시간 목사님께서 말씀 전하실 때 말씀이 저희 마음판에 새겨지며 깨닫게 하셔서 하나님의 말씀 따라 살 때 저희에 삶이 마음에 풍요로움과 감사의 삶으로 살아갈 수 있도록 도와주시옵소서. 주님께서 이 예배를 홀로 영광 받으실 줄 믿사오며, 예수님 이름으로 기도드렸습니다. 아멘!

나의 찬송을 부르게 하려함이라

이 백성은 내가 나를 위하여 지었나니
나의 찬송을 부르게 하려 함이니라
이사야 43:21

Prayer 032

2020.02.21 금요 영성 치유기도회
현수화 시무권사

살아계셔서 우리의 생.사.화.복을 주관하시는 하나님! 오늘도 주실 은혜를 사모하여 기대하며 이 자리에 나왔습니다. 함께 찬양하며 기도하며 부르짖습니다. 이 시간 우리의 마음 문을 열어 주시고 더러운 심령을 깨끗하게 하시며 우리의 중심과 생각이 오직 하나님께로만 향하게 하사 주님을 만나고 경험하는 은혜의 시간 되게 하여 주옵소서.

오직 은혜로 우리를 선택하여 구원 백성 삼아 주신 주님! 우리에게는 오로지 감사와 감격만이 있어야 함을 고백하며 주님 앞에 온전히 서길 원합니다. 가난한 심령이 되게 하시고 죄에 대하여 늘 애통하며 주님처럼 온유와 겸손의 모습으로 의에 주리고 목마름으로 또, 어디를 가든지 화평을 만들며 긍휼히 여기며 코람데오의 신앙으로 온전히 살아가게 하여 주옵소서.

참새 두 마리가 한 앗사리온에 팔리우는 것, 하나님의 뜻에 있음을 우리는 알고 있습니다. 세상이 역병으로 인하여 두려움에 떨고 있고 이 나라 저 나라가 해결하기 위하여 고군분투하고 있습니다. 이 일이 결코 우연이 아닌 하나님의 섭리 가운데 있음을 알고 이 나라 저 나라가 가슴을 치며 부르짖게 하셔서 하루 속히 평온을 되찾게 하여 주옵소서.

성도들을 위해 늘 기도하며 애쓰시는 담임목사님, 영과 육을 강건케 하여 주시고 하나님의 영으로 충만케 하여 주옵소서. 올해도 심방을 시작하여 시작으로 교회적으로 많은 행사들이 계획 되어져 있습니다. 한 가지, 한 가지 이끄실 때마다 피곤치 않으시도록 새 힘을 주시고, 하나님이 공급하시는 힘과 능력과 지혜로 잘 감당케 하여 주옵소서. 또한, 우리들은 함께 기도하며 각자 위치에서 주어진 직분 잘 감당케 하여 주심으로 은혜가 흘러넘치는 아름다운 교회 되게 하여 주옵소서.

원로목사님과 사모님, 노년에 쉬지 않으시고 열악한 선교지에서 귀한 사역 감당하시고 마무리하는 가운데 있습니다. 두 분의 건강을 보호하여 주시고 두고 온 사역지에 사명감 있는 좋은 후임자 속히 보내주셔서 노보야 교회가 계속해서 굳건히 서 가게 하여 주옵소서. 구역들이 섬기고 있는 국, 내외 선교지 또한 선교의 열매가 있게 하여 주옵소서.

중고등부 수련회가 은혜로 마쳤습니다. 참 감사합니다. 우리의 자녀들 받은 바 은혜 잘 간직케 하여 주시고 수고한 선생님들을 위로하여 주시며 오늘도 함께하는 찬양팀을 축복하여 주옵소서. 청년부 수련회가 지금 진행 중에 있으며 앞으로 유치부와 아동부 성경학교가 진행될 예정입니다. 하나님이 주신 지혜로 계획케 하셨으니 잘 진행 되도록 걸음을 인도하여 주셔서 모든 교육부 행사가 안전하고 은혜롭게 잘 마쳐지게 하여 주옵소서.

이제 말씀을 듣습니다. 전하시는 목사님 준비된 귀한 말씀 능력과 지혜로 잘 증거케 하여 주시고 받는 우리들 겸손의 돌비를 준비하여 순종으로 받게 주옵소서.

오늘도 귀하게 준비하여 올려 드리는 구역의 찬양을 기쁘게 받아주시고 말씀 후에 합심하여 찬양하며 부르짖는 우리의 간구에 응답하여 주시며 은혜를 방해하는 악한 마귀 절대 틈 못 타게 하여 주옵소서. 이 예배를 통하여 오로지 하나님만이 영광을 받으시옵소서. 이 모든 말씀 예수님의 이름으로 기도하옵나이다. 아멘!

Prayer 033

2020.02.23 주일 낮예배

한재석 피택시무장로

　사랑과 은혜가 풍성하신 하나님! 많고 많은 사람가운데 너는 내 것이라 구별하여 세우신 당신의 종들이 이 시간 우리 구주 예수 그리스도를 힘입고 하나님 전에 나아와 찬양과 감사의 예배를 올려 드릴 수 있도록 인도하여 주시니 감사합니다. 한 주간의 삶 속에서 주님의 자녀로 살아갈 수 있는 힘과 은혜를 베풀어 주시고 세상 유혹에 넘어가지 않는 은혜의 삶으로, 선하고 의로우신 하나님의 자녀의 삶을 살라고 인도하여 주심에 진심으로 감사를 드립니다.

　그러나 광야 같은 세상의 삶 속에서 나약하고 연약한 모습으로 아픔과 상처뿐인 삶을 살아왔습니다. 하나님의 뜻을 구하지 아니하고 내 생각과 내 마음에 가는 대로 살아왔던 죄 많은 우리의 모습을 고백하오니 우리의 어리석음과 무지함을 믿음 없음을 용서하여 주시옵소서. 주님의 십자가의 은혜로 정결케 하여 주시옵소서

　은혜로우신 하나님! 이 시간 나라와 민족을 위해 기도합니다. 중국 우한 지방에서 발병한 코로나 바이러스로 인해 세계 각국이 어려움 속에서도 합심해서 대처해 나아가고 있으나 우리나라도 확진 판정을 받는 사람들이 늘어나는 가운데 있습니다. 하나님 이 시간 기도하오니 이 모든 상황에서 우리를 건져주시고 이 상황이 속히 지나가게 하여 주시옵소서.

　하나님 아버지 교회를 위해 기도합니다. 하나님의 은혜로 세우신 저희 교회가 창립 40주년을 맞아 올해 많은 행사를 준비하고 있습니다. 이 행사를 준비함에 있어 내 뜻이 아닌 하나님의 뜻을 먼저 구하고 말씀 안에 거하며 성령의 인도하심을 따라 기도

하며 준비하는 행사가 되게 하여 주시옵소서.

우리 성도들의 삶 또한 코람데오의 신앙으로 생활할 수 있도록 인도하여 주시고 이 지역에 하나님의 말씀을 증거하고 하나님의 사랑을 실천하는 교회가 되게 하여 주시옵소서. 선한 영향력을 끼치는 교회가 되게 하여 주시옵소서.

하나님의 은혜로 중고등부 수련회와 청년회 수련회를 은혜 가운데 마치게 하시오니 감사드립니다. 다음 세대의 주인공들이 받은 은혜를 심령 깊이 간직하고 더욱더 하나님의 자녀로 성장하여 나라와 민족, 세계와 열방 가운데 쓰임 받는 귀한 일꾼이 되게 하여 주시옵소서. 남은 유치부와 아동부 성경학교에도 함께하여 주시사 어려운 상황 속에서도 하나님의 은혜로 진행되게 하여 주시옵소서.

아버지 이 시간 주님의 귀한 말씀을 선포하시는 목사님을 위해 기도합니다. 교회와 성도들을 위해 늘 애쓰시며 기도하시는 목사님, 주님 맡겨주신 사명 감당하실 때에 주의 능력과 은혜를 더하여 주시사 계획하신 모든 일이 하나님의 은혜로 진행되어지고 풍성한 열매로 거두어지는 역사가 있게 하여 주시옵소서.

이 시간 말씀을 선포하실 때에 일점일획 변함없는 하나님의 말씀만을 대언하여 선포되게 하여 주시옵소서. 그 말씀에 능력과 권능을 더하여 주셔서 우리의 심령이 그 말씀으로 인하여 믿음이 성장하고 하나님의 더 알아가는 삶이 되게 하여 주시옵소서. 삶에 최우선 순위가 오직 예수, 오직 말씀, 오직 교회 중심의 삶을 살아갈 수 있도록 인도하여 주시옵소서. 담임 목사님의 육신의 건강과 가정의 평안을 늘 강건하게 세워 주시옵소서.

원로 목사님과 사모님이 수고하여 세우신 러시아 노보아 교회를 위해 기도합니다. 원로 목사님을 이어 노보아 교회를 담임할 귀한 목자를 보내어 주시옵소서. 러시아 노보아 교회가 하나님의 말씀을 선포하고 예수님의 사랑을 실천하여서 부흥 성장 하는 교회로 쓰임 받는 교회로 나아갈 수 있도록 인도하여 주시옵소서.

부목사님과 전도사님들을 위하여 기도합니다. 목사님의 목회의 동역자로 맡겨진 하나님의 양을 인도하는 목자로써 사명 감당 하시기에 부족함 없게 성령의 능력을 더하여 주시옵고 맡겨주신 부서가 부흥 성장하여 하나님의 나라를 이 땅에 실천하는 귀한 교역자로, 사명자로 쓰임받게 하여 주시옵소서.

이 시간 말씀을 들을 때에 하나님의 음성으로 듣고 아멘으로 화답하여 오직 심령 가운데 심기우는 귀한 은혜의 시간이 되게 하여 주시옵소서. 예수님의 이름으로 기도합니다. 아멘!

너희들은
하나님께
속하였고

자녀들아 너희는 하나님께 속하였고
또 저희를 이기었나니 이는 너희 안에 계신 이가
세상에 있는 이보다 크심이라
요한1서 4:4

Prayer 034

2020.03.01 주일 낮 예배

이병윤 시무장로

몸은 죽여도 영혼은 능히 죽이지 못하는 자들을 두려워하지 말고 오직 몸과 영혼을 능히 지옥에 멸하실 수 있는 이를 두려워하라고 말씀하신 하나님 아버지! 사순절 첫 번째 주일을 맞이하여 하나님께서 사랑하시는 성도들을 교회로 불러 주셔서 하나님께 예배를 드리게 하심을 감사드립니다. 사순절을 통하여 말씀 가운데서 하나님의 사랑을 깨닫게 하시고, 기도하는 가운데 예수님의 은혜를 발견하게 하옵소서. 하나님이 말씀과 그리스도의 은혜를 우리들의 삶 가운데 실천하며 살아갈 수 있도록 성령께서 인도하여 주셔서, 세상의 빛과 소금으로 살아가는 그리스도인이 되게 하여 주시옵소서.

하나님 아버지, 오늘은 삼일절입니다. 이 나라의 아픈 역사에 주님께서 은혜를 베풀어 주셔서 자유와 독립을 주신 은총에 감사를 드립니다. 예배하는 저희들도 믿음의 선진들의 고난을 무릅쓴 나라 사랑의 믿음을 본받게 하옵소서.

코로나 바이러스가 온 나라에 창궐하고 있습니다. 코로나 바이러스로 인하여 하나님의 영광이 결코 가리워지지 않게 하여 주시옵소서. 한국교회가 교만했기에, 기도의 불이 꺼져버렸기에, 이단들이 하나님의 자녀들을 멸망으로 이끌어가도 이기주의에 빠져서 태만했던 저희들을 용서하여 주시옵소서. 하나님께서 우리에게 기도할 수밖에 없도록 코로나 바이러스가 창궐하도록 이끄시는 것을 깨닫게 하옵소서. 이제라도 금식하며 울고 애통하며 마음을 다하여 하나님께로 돌아오게 하옵소서.

교회와 하나님의 자녀들을 핍박하는 중국 당국이 회개하게 하시고, 또한 이단 신

천지의 실체를 모든 백성에게 알게 하시고 이 땅에서 이단을 척결하여 주시고 이단에 빠져있는 불쌍한 영혼들이 이번 기회에 주님 앞으로 돌아오게 하여 주시옵소서. 코로나 바이러스 방지와 퇴치를 위하여 밤을 새워가며 환자를 돌보고 치료에 전념하는 모든 의료진들과 방역팀들을 보호하여 주시고 주님의 위로와 도우심이 함께 하여 주시옵소서.

사랑의 주님, 우리는 두려워하고 있습니다. 불가능한 것 같습니다. 어떻게 할 수 없음을 고백합니다. 지금까지 무엇을 한 것 같지만 아무것도 이루지를 못했습니다. 그러나 하나님께서는 하실 수 있습니다. 홍해를 가르시고 육지처럼 건너가게 하시며, 므리바 광야에서 바위에서 물이 나오게 하시며, 불 뱀에 물려 죽어가던 사람들에게 장대에 달린 구리 뱀을 쳐다보기만 하면 치료되었던 것처럼 우리가 주님을 바라보고 하나님께서 우리와 함께 해 주시면 우리는 반드시 코로나 바이러스에서 이겨 낼 수 있음을 믿습니다. 예배하는 성도들에게 두려워하지 말고 가만히 서서 하나님께서 우리를 위하여 행하시는 구원을 볼 수 있는 반석 같은 믿음을 우리에게 주시옵소서.

땅 끝까지 복음을 전하라 명령하신 주님, 드로아에서 마게도냐 사람의 환상을 보고 빌립보로 건너가서 유럽을 복음화했던 사도 바울처럼 신호등 교회가 노보야 교회를 통하여 극동 러시아뿐만 아니라 전 러시아를 복음화하는 꿈을 꾸게 하옵소서. 속히 능력과 사명이 뜨거운 목회자를 허락하여 주시옵소서.

이 시간 말씀 선포하실 목사님께 성령과 능력이 충만케 하시고 말씀을 전하실 때에 주님의 영광을 드러내며 말씀을 듣는 성도님들은 은혜를 받을 뿐만 아니라 두려워하지 않고 담대함으로 세상이 감당 할 수 없는 믿음의 성도들이 되게 하옵소서. 오늘 예배에 참석하지 못한 성도님도 있습니다. 어디에 있던지 주님께서 기억하여 주시고 다음에는 함께 은혜받게 하여 주시옵소서. 할렐루야 찬양대의 찬양을 기쁘게 받아주시며 저희들이 드리는 예배와 물질을 온전히 받아주시옵소서. 사랑과 은혜가 풍성하신 예수그리스도의 이름으로 기도합니다. 아멘!

Prayer 035

2020.03.08 주일 낮 예배

홍정희 안수집사

살아계신 하나님 아버지! 감사와 찬송과 영광을 드립니다. 지난 한 주간도 성령님의 도우심으로 우리의 삶을 지켜주시고 인도해 주심을 감사드립니다.

한 주간 지내면서 주님 앞에 범죄한 것 많사오나 오늘도 예수님 이름 의지하여 나왔사오니 우리의 죄와 허물을 용서하여 주시옵소서. 이 시간 우리에게 오셔서 세상의 때 묻고 지친 영혼들을 씻어주시고 우리 영혼을 소생시켜 주시옵소서. 이제 하나님 앞에 머리 숙였사오니 신령과 진정으로 예배드리게 하옵소서.

단 위에 세우신 담임목사님 사랑하시어 영, 육간의 강건함과 말씀의 권능을 주시어 하시는 일마다 주님의 놀라운 역사가 일어나게 하여 주시옵소서. 범사가 피곤치 않도록 주님 붙드시고, 가정이 형통의 복으로 충만케 하옵소서.

원로목사님, 사모님 노년의 복된 삶을 주님께서 인도하시어 육신의 질고를 치료하시고 모든 행로에 어려움이 없으시도록 주님께서 범사에 동행하여 주옵소서.

사순절 기간입니다. 이번 사순절 기간 동안 주님의 십자가를 생각할 때마다 새로운 감동과 믿음으로, 주님을 본받아 고난도 기쁨으로 여기며 생활할 수 있게 하시옵소서. 영혼을 사랑하사 죽기까지 사랑하신 주님의 사랑의 본받아, 작은 사랑이라도 실천할 수 있는 기간이 되게 하시옵소서.

코로나 19 전염병으로 인하여 전 세계가 염려와 두려움에 사로잡혀 있습니다. 이때에 주님의 뜻을 알아 더욱 깨어 기도하는 가운데 진정한 교회를 세우게 하시고 이단, 사이비 집단의 실체가 온 천하에 드러나는 계기가 되게 하신 줄 믿습니다. 이 사순절 기간에 우리의 영이 경건케 하시고 기도의 능력이 충만케 하옵소서

    이제 목사님 말씀을 선포하실 때에 하나님께서 능력을 더하셔서 진리와 생명의 믿음으로 우리 모두를 감동케 하여 주시어 큰 은혜의 시간 되게 하옵소서. 산 믿음, 산 소망으로 마음의 근심과 걱정이 모두 해결 받게 하옵소서. 하나님 아버지 오늘도 맡은 자의 헌신과 봉사함이 복되게 하시고 성령께서 예배의 시종을 주관하여 주옵소서. 예수님 이름으로 기도드립니다. 아멘!

사랑은 율법의 완성이니라―

사랑은 이웃에게 악을 행치 아니하나니
그러므로 사랑은 율법의 완성이니라
로마서 13:10

Prayer 036

2020.03.15 주일 낮 예배

정종무 안수집사

　생명의 근원이 되시며 사랑이 많으신 아버지 하나님! 오늘도 귀한 주일을 맞이하여 저희들을 말씀 앞으로 인도하사 주님 앞에 예배드리게 하여 주시니 감사와 영광을 올려 드립니다.

　하오나, 저희들은 하나님의 말씀에 온전히 순종하지 못하고 한 주를 주님 뜻대로 살기보다는 세상과 타협하며 내 뜻대로 살 때가 너무 많았음을 회개하오니 용서하여 주시옵소서.

　참 좋으신 하나님! 이 시간 강단 위에 세워주신 우리 목사님을 기억하사 기도하고 말씀 전파하시는데 영육의 강건함으로 붙들어 주시고 성령의 역사하심이 늘 있기를 원합니다. 기도 가운데 세운 목회계획이 하나님의 나라와 뜻을 이루는데 나아가게 하시고, 특별히 구별하여 세운 교회학교 교사들이 지혜와 성령이 충만하여 학생들을 통하여 복음 전파할 때마다 전도받고 구원받는 영혼들이 많아지게 하여 주시옵소서.

　하나님 아버지! 이 나라를 위하여 기도합니다. 침체에 빠진 경제가 하루빨리 회복이 되어 청년들의 꿈과 희망을 주시고 직장을 갖기를 기도합니다. 또한 국내외 신종 코로나 19 바이러스로 인해 전 인류가 불안과 기피로 큰 고통을 겪고 있고 이로 인해 경제도 어려워지고 있습니다. 더 안타까운 것은 바이러스는 똘똘 뭉쳐 번식하는데 인간은 이런 현실을 극복하기 위하여 뭉치기보다는 서로에게 책임을 떠넘기고 비난하기에 급급한 모습을 보이고 있음을 고백합니다. 이제라도 하나님 앞에 죄악을 회개하고 한마음으로 뭉쳐 이 위기를 극복해내는 저희들이 되게 하여 주시옵소서. 그리고 코로나 19가 수그러들게 하시고 치료약도 속히 개발되어서 이 병을 완전히 극복할 수 있도록 도와주시기를 소망합니다.

하나님 아버지! 주일학교와 중고등부 학생회가 성장 부흥하게 하시고, 특별히 청년회가 교회의 중추적인 일을 감당하게 하시며, 교회 학교가 부흥 발전하여 다음 세대들이 말씀 속에서 하나님의 뜻을 알게 하시고, 기도 가운데 내일의 꿈과 비전을 갖기를 기도합니다. 예배를 위해 준비하시는 목사님과 전도사님, 그리고 선생님들께도 지혜와 명철을 주시고 수고하는 손길들에 축복을 내려주시옵소서.

하나님 아버지! 담임목사님께서 한 주간 기도와 묵상으로 준비하신 말씀이 선포될 때 성령 충만되게 하시고 듣는 성도들도 은혜의 시간 되게 하여 주시옵소서. 이제 순서에 따라 말씀을 듣겠습니다. 오늘도 살아 역사하시는 거룩한 예수님 이름으로 기도드렸습니다. 아멘!

내 마음에 두었나이다

내가 주께 범죄치 아니하려 하여
주의 말씀을 내 마음에 두었나이다
시편 119:11

Prayer 037

2020.03.15 주일 낮 예배

이양모 시무장로

만물의 주인이 되시는 아버지 하나님! 오늘도 예배 가운데 새로운 은혜로 우리를 만나 주실 하나님께 감사와 찬양과 영광을 올려 드립니다. 감사함으로 주님의 전에 모인 우리 모두에게 충만한 은혜를 내려 주시옵고 때 묻은 심령을 정결하게 하시며 주님이 주신 비전을 붙잡는 결단의 시간이 되게 하여 주옵소서.

아버지 하나님! 이 민족을 긍휼히 여겨 주옵소서. 지금 이 나라는 신종 코로나 바이러스로 두려움과 공포 속에 모두가 혼란스러워하고 있습니다. 만물의 주권자 되시는 주님께서 이 백성을 불쌍히 여기시며 바이러스가 더 이상 확산되지 않고 진정되게 하여 주옵소서.

코로나 19 바이러스와 사투를 벌이고 있는 의료진과 돕는 손길들을 붙들어 주실 줄 믿습니다. 특별히 대구 지역에서 바이러스와 힘겨운 싸움 고통 중에 있는 시민들을 주께서 도와주옵소서. 아버지 하나님 이 어려움을 온 국민들이 한 마음으로 기도하며 이 난국을 이겨 나갈 수 있도록 지혜와 용기를 주옵소서.

또한 복잡한 국제 관계와 경기 침체로 인해 신음하고 있는 자영업자와 소상공인들의 생업이 중단되지 않게 도와주시옵고 벗어나지 못하고 있는 소외 계층들을 성령 하나님 기억하여 주셔서 하루속히 안정된 경제를 이루어가게 하여 주옵소서.

우리 교회와 함께 하시는 하나님 아버지! 우리 신호등 가족들이 모일 때마다 은혜받고 은혜의 힘으로 어려운 환경이나 상황들을 뛰어넘게 하시고 가정과 일터에서 구원의 기쁨과 소망을 가지고 살아가게 하여 주옵소서.

이 시간도 하나님의 성전에 모이지 못하고 가정에서 예배드리는 연약한 성도들에게 위에서 성령의 기름을 부어 주시사 동일한 은혜로 채워 주시옵소서

아버지 하나님! 담임 목사님을 능력의 팔로 붙들어 주시고 영육을 강건케 하시며 힘들고 어려운 시기에 기도하며 말씀에 붙들림 받아 지혜롭게 잘 극복하며 성도들을 주의 푸른 초장으로 잘 인도하는 주의 종 되어질 수 있도록 함께 하여 주옵소서. 귀한 시간 말씀을 전하실 때에도 말씀에 능력이 있게 하시고 듣는 저희들 은혜받게 하옵소서.

오늘도 주의 성전을 섬기는 주의 일꾼들에게 하나님의 사랑으로 늘 평안케 하옵소서. 언제나 우리와 함께 하시며 동행하시는 예수님의 이름으로 기도합니다. 아멘!

어제나 오늘이나
영원토록 동일하시니라

오직 너희는 원수를 사랑하고 선대하며
아무 것도 바라지 말고 빌리라
누가복음 6:35

Prayer 038

2020.03.29 주일 낮 예배

이병윤 시무장로

　인간의 생사화복을 주관하시는 하나님 아버지! 한 번도 경험해 보지 않은 새로운 한 주간을 선물로 주시어 영혼과 육신이 호흡하도록 생명 싸개로 싸서 안위해 주심을 감사드립니다. 이 시간 코로나 19 바이러스로 인하여 성전의 문은 닫히고 각자의 처소에서 성전을 사모하며 예배하오니 우리들의 예배를 받아주시고 마음과 뜻과 정성을 다하여 영과 진리로 예배하게 하옵소서. 여호와께서 집을 세우지 아니하시면 세우는 자의 수고가 헛되고 여호와께서 성을 지키지 아니하시면 파수꾼의 경성함이 허사임을 믿사오니 우리의 교만과 어리석음을 용서하여 주시옵소서

　오늘은 사순절 다섯째 주일입니다. 우리를 위하여 고난 받으시고 겸손하게 낮아지신 주님을 본받아 남을 나보다 낫게 여기고 작은 사랑이라도 실천할 수 있는 기간이 되게 하옵소서. 주님의 고난을 묵상할 때마다, 주님의 십자가를 바라볼 때마다, 마음의 고통이 사라지고 주님과 함께 동행하며 감사와 찬양이 넘치는 삶을 살게 하옵소서. 모든 것이 멈추어 버린 모임과 예배들 가운데서도 영적으로는 더욱더 깨어 있어 하나님의 뜻을 구하며 각자의 자리에서 다니엘과 같이 성전을 향하여 기도할 수 있는 믿음이 되게 하옵소서.

　사랑의 주님! 누군가와 마주할 수 있다는 것이 얼마나 큰 축복이었는지, 손을 마주잡고 안부를 물어볼 수 있음이 얼마나 소중한 것인지, 마스크 없이 자유롭게 사람을 만나 이야기하고 차와 음식을 나누며 함께 생활하는 소소한 일상이 다 하나님의 크신 은혜였음을 잊지 않게 하옵소서. 전염병 확산을 예방하기 위하여 사회적 거리두기가 물리적인 거리두기에 그치지 말고, 주님과의 거리가 멀어지는 것을 두렵게 생각하고

주님께서 싫어하시는 모든 일에 대하여 거리두기가 되게 하옵소서.

우리는 바이러스가 내 안에 들어오는 것을 막기 위해 마스크로 무장하고 있습니다. 그러나 정작 내 안에서 나아가는 것이 얼마나 위험한지를 알지 못했습니다. 지난 한 주간 마음을 아프게 했던 텔레그램을 이용한 청소년 성 착취물 유포에 따른 음란한 우리의 자화상을 보았습니다. 우리의 마음에서 나오는 악한 생각 곧 음란과 도둑질과 살인과 간음과 탐욕과 악독과 속임과 음탕과 질투와 비방과 교만과 우매함에서 이기게 하옵소서.

바이러스에 감염된 확진 환자 4000여 명도 속히 치료되어 일상으로 돌아가게 하여 주옵시고, 바이러스의 확산을 막기 위하여 헌신하는 의료진들과 방역진들을 위험에서 지켜주시고 하나님께서 주시는 지혜와 능력으로 방역과 치료를 잘 감당하게 하여 주옵소서. 특별히 백신 개발을 위하여 힘쓰고 있는 의학자들의 연구개발을 세밀히 도우셔서 백신이 조속히 개발되어 바이러스의 공포에서 해방되게 하옵소서. 전염병으로 인하여 경제적으로 어려움을 겪고 있는 사회적 취약계층과 소상공인들의 삶을 생명 싸개로 안전하게 지켜주시옵소서.

오늘도 단 위에 세우신 담임 목사님의 영혼과 육신의 강건함을 주시고 성령 충만하게 하셔서 선포되는 말씀을 통하여 성도들이 은혜를 받아 하나님과 화목하고 이웃과 화목하고 우리 자신 안에 화평이 넘치는 삶이 되게 하옵소서. 닫혀진 교회 문들이 하루빨리 열려, 주님을 마음껏 찬양하며 , 성전에서 마음껏 예배할 수 있는 날이 속히 오게 하옵소서.

예배를 위하여 수고하는 방송 음향 부원들을 기억하여 주시고 저들의 헌 신을 받아 주시옵소서. 우리의 피난처요 방패요 환난 중에 만날 큰 도움이 되시는 예수님의 이름으로 기도합니다. 아멘!

Prayer 039

2020.04.12 주일 낮 예배

한재석 피택시무장로

　사랑과 은혜가 풍성하신 하나님! 부활의 기쁜 소식을 심령 깊이 새기며 주님 계신 성전으로 나아와 찬양과 감사로 머리 숙여 경배하며 예배를 드릴 수 있도록 인도하여 주시니 감사합니다. 우리를 구원하시기 위해 이 땅에 독생자 예수 그리스도께서 내려오셔서 십자가 보혈의 은혜로 우리의 죄를 대속하여 주시고 사망의 권세를 이기시고 부활하신 주님 앞에 감사와 영광을 올려 드리오니 기쁘게 흠향하여 주시옵소서.

　그러나 우리는 삶 속에서 말과 행동, 생각으로 지은 죄가 수없이 많음을 고백합니다. 다른 사람에게 희망을 주기보다는 정죄하였고, 어려운 이웃의 모습을 외면하였으며, 음란한 생활과 헛된 생각에 빠져 하나님의 뜻이 아닌 내 생각과 내 기분에 내키는 대로 살아왔던 죄 많은 인생임을 고백하오니 우리의 영혼에 주님의 생기를 불어넣어 주시고 저희의 죄와 허물을 깨끗하게 정결하게 씻어 주시옵소서.

　은혜로우신 하나님! 이 시간 나라와 민족을 위해 기도합니다. 코로나 19로 인해 확진환자가 만 명이 넘어갔고 이백 여명이 생명을 달리하였으며 지금도 하루 50명 안팎의 확진환자가 발생되고 있습니다. 비록 감소 추세에 있지만 언제 다시 재확진 사태가 올지 몰라 전전긍긍하고 있습니다. 이 시간 기도하오니 십자가의 은혜로 이 땅에 만연해 있는 코로나 19를 속히 거두어 주시옵소서. 이를 위해 수고하는 정부 담당자와 의료진에게 은혜를 베풀어 주셔서 더 확산되지 않도록 인도하여 주시고 위로하여 주시옵소서.

　많은 사람들이 견딜 수 없는 고통과 절망 속에서도 4.15총선이 진행되어지고 있습니다. 자유민주주의와 시장경제, 정의와 공의를 세우며 좌·우대립이 아닌 대한민국을 이끌어 갈 지도자가 선출되어 정치적으로나 사회적으로 안정된 나라가 되게 하여 주시옵소서.

하나님 아버지! 교회와 성도들을 위해 기도합니다. 코로나 19로 인해 성도들이 오늘부터 현장예배와 영상예배로 병행하여 드리고 있습니다. 비록 각 처소에서 영상예배로 드리는 성도들은 마음만은 주님 계신 성전에서 드려지는 것과 같은 마음으로 집중하여 정성껏 예배드리게 하여 주시옵소서. 믿음 흔들리지 않고 굳건한 말씀 위에 서게 하여 주시옵소서. 사망 권세 이기시고 부활하신 주님을 만난 기쁨의 소식을 찬양하며 증거 하는 삶이 되게 하여 주시옵소서. 다음 세대에게 믿음의 유산을 물려주지 못한 유럽 교회들의 몰락을 보면서 우리 교회의 모습을 되돌아봅니다. 우리의 현실 또한 저출산과 정치적 이유로 어려운 가운데 있습니다. 그럴수록 끊임없이 다음 세대의 주인공인 교육부를 위해 기도하며 후원하고 세워가는 믿음의 유산을 물려주는 교회가 되게 하여 주시옵소서.

아버지! 이 시간 주님의 귀한 말씀을 선포하시는 목사님을 위해 기도 합니다. 단 위에 세우신 담임 목사님, 부활의 산 소망이 되신 예수 그리스도를 증거 하실 때에 생명의 말씀, 축복의 말씀으로 임할 수 있도록 성령님께서 성령의 능력을 칠 배나 더하여 주시옵소서. 목사님의 입술을 통하여 선포되는 말씀이 오직 살아계신 하나님의 말씀과 영광만이 드러나는 귀한 시간이 되게 하여 주시옵소서. 올 한 해 계획된 목회 일정이 코로나 19로 인해 약간의 차질이 발생하였지만 남은 모든 일정이 계획하신 대로 진행되어 풍성한 열매로 이어지게 하여 주옵소서.

이 시간 말씀을 듣습니다. 선포되는 말씀을 하나님의 음성으로 듣고 아멘으로 화답하게 하여 주셔서 주님 닮은 새 사람으로 거듭나는 시간이 되게 하여 주시옵소서. 우리의 산 소망이 되시며 부활의 주인되시는 예수 그리스도의 이름으로 기도 합니다. 아멘!

Prayer 040

2020.04.12 주일 낮 예배

이양모 시무장로

우리를 구원해 주시려고 독생자 예수 그리스도를 이 땅에 보내어 주시고 십자가에 못 박히시고 사망 권세 이기시고 부활하신 하나님께 감사와 영광과 찬송을 올려 드립니다.

코로나 19 바이러스로 인해 사망과 공포의 그림자가 전 세계를 뒤덮고 있는 이 어두운 시기에 부활의 주일을 맞이하게 하시니 참 감사합니다. 귀한 시간 먼저 고난의 십자를 생각하며 무릎 꿇고 우리의 죄와 허물을 고백하며 기도하오니, 그동안 온갖 우상들을 섬기며 이단과 사이비 교주 거짓 증인들과 살인과 음란과 탐욕과 이기심과 헛된 이념의 사로잡혀서 서로 다투고 시기하며 정죄하며 살아왔던 오염되고 부패된 저희들의 죄를 용서하여 주옵시고, 주님의 십자가의 보혈로 깨끗하게 씻어 주시며 정결하게 하시므로 분노를 멈추시고 사망의 골짜기에서 우리를 건져 주시옵소서.

하나님이 창조하신 이 땅에서 하나님의 말씀대로 살지 아니하고 환경을 파괴하고 생태계를 교란하고 세상을 오염시키고 돈과 명예와 권력을 우상화하며 외모 지상주의로 살았던 저희들의 타락한 삶을 성령의 불로 깨끗이 태워 주셔서 새 생명과 새 빛으로 저희들을 거듭나게 하시어 부활의 기쁨을 맛보게 하옵소서.

"나는 부활이요 생명이니 나를 믿는 자는 죽어도 살겠고 무릇 살아서 믿는 자는 죽어도 살겠고 무릇 살아서 믿는 자는 영원히 죽지 아니하리로다" 라고 말씀하신 주님께 기도하오니, 그동안 하나님을 잃어버리고 말씀과 기도를 멀리 하고 살아왔던 게으르고 나태하고 잠자고 있었던 불쌍한 심령들을 깨워 주옵소서. 죄로 인하여 죽어가는 우리 영혼에 생기를 불어넣어 주시고, 좌절하고 포기한 삶에서 새로운 생명으로 소망을 꿈꾸며 부활하며 살아가는 저희들이 되게 하여 주옵소서.

진리와 공의와 정의가 사라진 황무한 이 땅에 이 민족을 회복시켜 주시옵소서. 하나님이 지으신 창조의 질서를 따라 오직 말씀과 기도와 찬양으로 십자가의 사랑과 영혼의 생명수이신 주님만을 바라보게 하여 주옵소서. 이 재앙과 위기 앞에 십자가의 은혜와 용서로 위기를 극복하게 하옵소서. 그동안 우리가 움츠리고 갇혀 있었던 몸과 마음을 털고 새 생명과 새 소망, 부활의 기쁨을 누리게 하옵소서.

코로나 19 바이러스로 인해 말할 수 없는 고통과 불안의 늪에 잠겨있는 이 시대의 세상과 나의 방법대로 요행을 구하지 말고 하나님의 뜻과 방법대로 어려움을 극복하는 이 나라 이 민족 되게 하여 주옵소서. 잃어버린 수많은 영혼들이 하나님의 품으로 돌아오게 하옵시고, 사랑과 용서의 십자가만을 바라보며 아픔을 나누며 살아가는 이 민족이 되게 하여 주옵소서. 전쟁도 전염병도 하나님께 속한 것으로 하나님 한 분만이 해결해 주실 것을 믿으며 온 민족이 각자 처소에서 기도하며 이 재앙을 이기게 하옵소서.

오늘도 변함없이 말씀을 전하시는 목사님의 말씀을 통하여서 우리들의 영혼이 치유함을 받게 하시고 한 주간도 승리의 삶을 살게 하옵소서. 사망과 권세를 이기시고 부활하신 예수 그리스도의 이름으로 간절히 기도드립니다. 아멘!

Prayer 041

2020.04.22 수요기도회

김미선A 피택시무권사

　사랑이 많으신 하나님 아버지! 어렵고 힘든 중에도 저희를 하나님 전에 나와 예배를 드리게 하시니 감사와 찬양을 올려 드립니다.

　주님이 사랑하시는 목사님, 코로나 19 바이러스로 인해 성도님들의 안의와 신앙을 염려하여 기도하시는 목사님께 늘 영육을 강건하게 하시고 늘 강건함으로 하나님의 신실한 종의 역할을 잘 감당하실 수 있게 도와주시옵소서. 전 세계와 우리나라가 코로나로 인해 힘든 시간을 보내고 있습니다. 하루속히 종식되어서 예전에 평범한 모든 것들이 하루속히 회복되길 간절히 기도합니다.

　사랑의 주님! 모든 것이 멈춰 있지만 저희가 더욱더 믿음 안에서 흔들리지 말고 담대하게 예수님의 참된 소망과 기쁨 가운데 주님을 찬양할 수 있게 해 주시옵소서. 이 시간이 헛된 시간이 되지 않고 신앙이 성숙되며 교회를 위해 주님의 일을 위해 더 열심히 기쁨으로 은혜로 할 수 있도록 인도해 주시옵소서.

　하나님 아버지! 때로는 절망하고 우울하며 세상적인 생각에서 벗어나지 못해 허우적 될 때도 있었지만 위에 계신 하나님을 보려고 애썼습니다. 저희 마음을 붙잡아 달라고, 실족하지 않게 해 달라고, 그저 하나님 자녀로 모든 것이 감사하다고, 미비한 믿음이지만 울면서 기도하며 신앙 지키려 했습니다. 성전에 오면 찬양하고 예배드리고 교제했던 것이 얼마나 감사하고 고마웠는지 뼈저리게 느끼며, 어떤 악한 많은 것들이 몰려와도 붙들게 해 달라고 기도하며 큰 사랑을 느낀 것을 감사드립니다.

신호등 교회 성도님들의 믿음을 지켜 주시고 건강함으로 경제적으로 힘든 것들도 이기고 나아갈 수 있도록 도와주시옵소서. 주님의 그 옷자락을 붙들고 꼭 이길 수 있게 해 주시옵소서. 많은 분들의 애쓰고 수고가 땅에 떨어지지 않게 하시고 서로가 서로를 배려하고 건강도 지켜주시고 나의 작은 것이라도 나눌 수 있는 마음을 주셔서 훈훈하고 따스한 모든 가정들이 되게 하여 주시옵소서.

이 시간 목사님 말씀이 저희 깊은 내면에 들어와 나태한 신앙들이 능동적인 신앙으로, 생동감 있는 믿음으로 변화되어서 꽃 피우는 봄에 기쁨 가운데 은혜 안에서 살아가는 말씀으로 받아, 마음에 평안함과 참 소망 가운데 살아가게 하여 주시옵소서. 모든 삶이 하나님을 찬양하고 모든 영광을 돌릴 수 있는 말씀이 되게 해 주시옵소서.

감사합니다. 주님, 사랑합니다. 이 모든 말씀 저희를 죄에서 구원해 주신 예수 그리스도 이름으로 기도드리옵니다. 아멘!

우리가 서로 사랑하자

사랑하는 자들아 우리가 서로 사랑하자
사랑은 하나님께 속한 것이니

요한1서 4:7

Prayer 042

2020.04.26 주일 낮 예배

박종철 안수집사

영원토록 동일하신 하나님! 지난 한 주간 저희를 지켜주시고 보호하여 주심에 감사드립니다. 오늘, 주의 날을 맞아 주께 한 주간을 맡기며 예배하게 하시니 또한 감사합니다.

지혜로우신 주님! 주께서는 언제나 저희를 보호하시고 주님의 길을 보여주시지만 저희는 눈이 어둡고 귀가 얇아 세상에 기울어 스스로 어려움을 자초하고 있습니다. 저희를 용서하여 주시옵소서. 주께서 저희의 목자 되시니 저희에게 부족함이 없는데, 세상 살아가는 불안과 걱정으로 저희 마음은 평안할 날이 없습니다. 저희가 주님이 예비하신 푸른 풀밭과 물가에 거하며, 하늘의 은혜와 사랑을 경험할 수 있도록 도와주시옵소서.

또한 어려움과 고난의 가시밭길을 걸어갈 때도 주께서 함께 하심으로 두려워하지 않고 저희를 안위하시는 주님의 지팡이와 막대기를 깨달을 수 있도록 지혜를 허락하시옵소서. 주께서 저희를 위하여 선하심과 인자하심으로 이끄시오니 평생 주님의 말씀 안에서 살아갈 수 있도록 도와주시옵소서.

은혜가 풍성하신 하나님! 오늘 예배에 참석한 모든 성도들에게 동일한 은혜를 허락하시고 함께 하시는 성령의 감동을 받아 주님의 백성으로 승리하며 세상을 살아갈 수 있도록 하여 주시옵소서.

말씀 전하시는 목사님께 함께 하시고 그의 입으로 선포되는 하나님 말씀이 저희 가슴에 와 닿게 하시어 죄를 깨닫고 온전한 성도의 삶을 살게 하시옵소서.

저희가 온 마음으로 예배를 드리오니 흠향하시고 영광을 받아주시옵소서. 사랑이 많으신 예수 그리스도 이름으로 기도합니다. 아멘!

누가
온 세계를
정하였느냐

누가 땅을 그에게 맡겼느냐
누가 온 세계를 정하였느냐
욥기 34:13

Prayer 043

2020.04.26 주일 낮 예배

이병윤 시무장로

우리에게 새 희망을 주시는 하나님 아버지! 연약한 심령들에게 평안과 안식을 주시며 모든 눈물과 상처를 씻어 주시는 사랑 많으신 하나님 아버지께 영광과 찬양을 올려드립니다. 허물과 죄로 인해 죽었던 저희 들을 구원하시기 위해 십자가에서 속죄의 제물로 죽으시고 죽은 자 가운데서 사흘 만에 다시 살아나신 주님을 믿음으로 영원한 생명을 얻어 하나님의 자녀가 되었음을 감사드립니다.

이 시간 신령과 진정으로 거룩한 산 제사를 드리게 하시고 하나님 앞에 영광 돌려드릴 수 있는 귀한 예배가 되도록 인도하여 주옵소서. 아직도 위의 것을 찾지 않고 땅의 것을 생각하며 세상의 헛된 욕망을 따라 수많은 거짓과 위선 속에 살아왔던 저희의 삶을 되돌아보며 주님 앞에 나왔습니다. 이제 마음을 찢으며 회개하오니 더럽고 추했던 심령들이 새로워져서 거듭날 수 있도록 인도하여 주옵소서.

코로나 19 바이러스로 인하여 전 세계의 경제가 마비되어 모든 이들의 삶이 충격과 공포 속에서 어렵게 지내고 있습니다. 코로나 19 바이러스로 인하여 성전에서 성도들을 내어 보내셨던 뜻이 어디에 있는지, 한국교회가 다시 한번 깊게 생각하게 하시고, 교회에 무엇을 말씀하고 계신지를 깨달을 수 있는 지혜를 허락하여 주셔서 교회의 본질과 진정한 예배가 회복되는 기회가 되게 하옵소서. 속히 코로나 19가 종식되어 마스크를 벗고 온전한 예배의 자리가 회복될 수 있도록 역사하여 주옵소서.

신철호 담임목사님을 붙들어 주셔서 시대의 위기에 지혜롭게 대처할 수 있는 하나님의 지혜와 리더십을 허락하여 주옵소서. 어려운 시국에 교회를 이끄는 당회원들과 교역자들에게 지혜를 주시고 능력을 주셔서 선한 길로 교회를 잘 이끌어가게 하시고 온전히 하나님께만 영광 돌리는 신호등 교회가 되게 하옵소서. 항존직들과 제직들은 믿음의 덕으로 신앙을 이끌고, 젊은이들은 역동적으로 교회를 섬기고, 다음 세대들은 즐거운 마음으로 찬양을 부르는 모든 세대가 함께 어우러져 부흥하는 교회가 되게 하옵소서.

교회학교를 기억하여 주셔서 제한된 환경 속에서도 교역자, 교사, 학생 간의 소통이 원활하게 하시고, 각 가정에서의 신앙교육이 순조롭게 진행될 수 있도록 도와주시옵소서. 새로운 일군을 세우기 위해 피택 받은 성도들이 당회의 가르침을 성실히 받아서 주님 앞에 좋은 일군이 되게 하옵소서.

러시아 노보야 교회를 지켜 주시고 하늘길이 막혀있는 동안 복음이 더욱 확장되는 역사가 있게 하옵소서.

오늘도 은혜로운 말씀을 선포하시는 목사님을 성령의 권능으로 붙잡아 주셔서 전하시는 말씀마다 온전한 하나님의 말씀으로 여기고 말씀을 통하여 하나님의 음성을 듣는 은혜가 있게 하옵소서. 예배 후 한 주간 세상적인 것들에 얽매이지 않고 오직 주님을 신뢰하고 주님을 의지하며 주님의 뜻을 세상에서 이루기 위하여 보내심을 받은 사명자임을 기억하고 각자의 삶의 자리에서 담대한 믿음과 확신을 가지고 살아가게 하옵소서.

예배의 모든 순서를 통하여 홀로 영광 받으시고 저희들에게는 위로부터 내리는 신령한 은혜를 경험하는 시간 되게 하옵소서. 예수님의 이름으로 기도합니다. 아멘!

Prayer 044

2020.05.10 주일 낮 예배

이양모 시무장로

할렐루야! 언제나 우리와 함께하시며 동행하시는 하나님 아버지! 오늘도 주님의 은혜로 하나님을 믿는 주의 자녀들을 하나님의 전으로 인도하여 주셔서 아버지 하나님께 예배를 드릴 수 있는 귀한 믿음과 은혜를 주심에 감사함을 드립니다.

변함없는 사랑으로 오늘도 주의 제단에서 예배자로 세워 주셨사오니 온몸과 마음과 정성을 다하여 드려지는 예배가 되게 하시고 하나님이 기뻐 받으시는 복 된 예배가 될 수 있도록 역사하여 주옵소서. 우리들의 허물진 모든 죄악을 주님의 십자가의 보혈의 피로 정결케 하셔서 오직 정직한 영으로 아버지 하나님께 드려지는 은혜로운 시간 되게 하여 주옵소서

아버지 하나님! 5월은 가정의 달입니다. 하나님 아버지, 우리 교회 모든 성도님의 가정이 평안하게 하시고 모든 일들이 하나님의 은혜로 잘 풀어지게 하시고 기도의 제목들이 응답되게 하시며 가정들이 화평을 누리고 믿지 않는 자들에게 본이 되어지는 삶을 살아갈 수 있도록 도와주시옵소서.

하나님 아버지! 코로나 19 바이러스로 인하여 세계가 공포에 휩싸여 말할 수 없는 고통과 불안한 삶을 살고 있는 우리의 현실 속에서 하루속히 하나님의 뜻과 방법대로 이 어려움을 잘 극복하는 이 나라 이 민족 되게 하여 주옵소서.

사랑의 하나님 아버지! 오늘은 어버이 주일입니다. 하나님께서 가정을 주시고 육신의 부모님을 통하여 저희들이 있게 하심을 감사합니다. "네 부모를 공경하라" 말씀하

신 하나님 말씀에 의지하여 내 부모님께 순종하며 살았는지 되돌아보는 계기가 되게 하시고 말씀처럼 공경하는 삶이 되게 하옵소서.

오늘은 주님의 살과 피를 나누는 성찬식이 있습니다. 받는 우리들 준비된 마음 정결한 심령으로 살과 피를 받는 시간 되게 하여 주옵소서.

오늘도 담임 목사님을 통하여 귀한 말씀을 듣게 하심을 감사드립니다.

대언하시는 목사님 영·육을 강건케 하시고 말씀의 능력과 권세가 있게 하시며 성령의 충만함으로 전하여지게 하옵소서. 무뎌지고 메마른 우리의 심령이 오늘의 말씀을 통하여 회복되게 하시고 한 주간도 승리의 삶을 살아가게 하옵소서.

귀한 시간 드려지는 할렐루야 찬양을 기쁘시게 받으시고 찬양을 통하여 은혜받게 하옵소서. 오늘도 주의 전에서 섬기는 봉사의 손길들을 축복하시고 언제나 우리와 함께 동행하시는 예수 그리스도의 이름으로 기도합니다. 아멘!

믿음은 바라는 것들의 실상이요
보지 못하는 것들의 증거니
히브리서 11:1

믿음은 바라는 것들의 실상이요

Prayer 045

2020.05.10 4부 여전도회 헌신예배
박태연 시무권사

찬양을 받으시기에 합당하신 하나님 아버지! 거룩한 주일, 주의 성전에서 부족한 저희들이 예배드릴 수 있도록 은혜를 베풀어 주심을 진심으로 감사드립니다.

이 시간 저희 4부 여전도회 헌신예배로 주님께 영광을 돌리게 하심을 감사합니다. 4부 여전도회가 헌신을 다짐하며 주님 앞에 나아갑니다. 우리의 삶이, 예배를 통하여 회복되어 지기를 원하오니 은혜를 내려 주옵소서.

코로나 19 사태로 인간의 지혜와 힘으로 감당할 수 없는 코로나 19 사태로 인간의 지혜와 힘으로 감당할 수 없는 이 시대적 상황 앞에, 오직 창조주이신 주님만이 가능하신 일이기에, 겸손히 저희 모두가 주님 앞에 회개와 용서의 마음으로 간구하오니, 저희들을 불쌍히 여겨 주옵소서. 앞으로 다가올 성경의 말씀하신 바를 잘 알게 해 주셔서 주님께서 말씀하신 마지막 시대를 분별하는 영적인 분별력이 있게 도와주옵소서. 반석과 같은 믿음 있는 저희들이 되어 말씀과 기도로 세상을 이기고 나 자신을 이김으로 오직 예수 그리스도 만이 구원이 있음을 다시 한번 깨달아 성령으로 인도하심을 받는 주님의 귀한 자녀들이 되게 하여 주옵소서.

주님 세우신 교회를 성령으로 인도하여 주시고 우리 다음 세대들에게 믿음과 열정을 더 하셔서 이 시대의 거룩하고 구별된 삶을 드림으로 주님께 귀하게 쓰임을 받는 복된 자녀들이 되게 하여 주옵소서.

귀한 담임 목사님의 안위를 늘 지켜주시고 시대의 흐름 앞에 깨어 기도하시며 이끌어 가시는 목회 사역 위에 성령 충만하게 하시며 주님의 뜻만을 이루어 드리며 감사의 열매가 맺어지는 귀한 목회가 되게 하여 주옵소서. 함께 사역하시는 부교역자 분들과 귀한 장로님들 가정의 평안과 건강을 지켜주시며 주님의 권능의 손에 붙들려 사명 잘 감당하실 수 있도록 은혜 내려 주옵소서.

오늘 헌신 예배를 위해 득별히 귀한 강사 목사님, 신철호 목사님의 말씀을 듣게 하시니 감사합니다. 말씀 선포하실 때에 갑절의 능력을 부어 주셔서 말씀을 받는 저희 모두가 순종의 삶을 살아 주님의 기쁨이 되는 귀한 자녀로 승리하도록 인도하여 주옵소서.

4부 여전도회가 신앙의 고백으로 올려드리는 귀한 찬양을 기쁘게 받아 주옵소서. 교회의 머리가 되시며 세상의 빛이 되시는 예수님의 이름으로 기도하옵나이다. 아멘!

여호와 앞에 완전하라

너는 네 하나님 여호와 앞에 완전하라
신명기 18:13

Prayer 046

2020.05.24 주일 낮 예배

이병윤 시무장로

'항상 기뻐하라, 쉬지 말고 기도하라, 범사에 감사하라' 말씀하신 하나님 아버지! 지나간 한 주간도 주님의 생명 싸게 안에 안전하게 보호하여 주셨다가 거룩한 주일 주님 앞에 나와 예배하게 하심을 감사드립니다. 이 시간 하나님을 경외하며 마음과 뜻을 다하여 신령과 진정으로 예배하게 하옵소서.

사랑의 주님! 그리스도의 몸인 교회 된 우리가 정직한 영으로 청결하게 살지 못하고, 거짓과 탐심과 자기 우상숭배로 살아왔습니다. 겸손과 온유, 서로 용납함으로 성령의 하나 되게 하신 것을 지키지 못하고 비난하고 싸우고 분열되어 있습니다.

이제 우리의 죄악을 자백하고 회개하오니, 십자가의 보혈로 씻어주셔서 놀라운 구원의 복음을 믿고, 구원의 확신을 경험하는 시간이 되게 하옵소서. 주님만이 하나님이시고, 주님만이 구원자이심을 믿고, 모든 백성이 주님께 돌아와 한마음으로 회개하며 기도하도록 인도하여 주시옵소서. 기도하지 않는 한 민족보다 기도하는 한 사람이 더 위대함을 알고 한국 교회 모든 성도가 진정으로 기도하고 회개하여 이 나라 이 민족을 주님 앞에 다시 온전히 세우게 하여 주시옵소서

지금 세상은 온통 코로나 19 전염병으로 두려워 떨고 있사오니, 성령께서 오셔서 저희를 위로하여 주시고 속히 백신과 치료약이 개발되도록 허락하여 주시옵소서. 코로나 19로 인하여 늦게 개학하는 초중고 학생들과 부모의 마음을 붙들어 주시고 평안을 주옵소서. 개학 후에 모든 과정을 주님께 온전히 맡기고 진리 안에서 자유를 누리게 하옵소서.

코로나 19로 인하여 육체의 고난과 재정의 압박, 마음의 굴곡을 경험하고 있는 성도들에게 하나님의 위로를 더하여 주시고 자기에게 모든 것이 다 없을지라도 여호와로 말미암아 감사하며 살았던 하박국 선지자처럼 우리가 아무리 힘들지라도, 어려울지라도 구원의 하나님으로 인하여 감사가 있고 기쁨이 있고 만족이 있는 성숙한 믿음을 주옵소서.

　사랑의 주님! 5월은 가정의 달입니다. 모든 가정이 화목하게 하시고, 사랑이 성령의 첫 열매인 것처럼, 사랑으로 시작하여, 사랑이 넘치는 가정이 되게 하옵소서. 부모는 자녀에게 믿음의 본을 보이며 유일하신 하나님의 말씀을 거듭거듭 자녀의 마음 판에 새기며 주야로 가르쳐 지키게 하옵소서. 주님의 집에 거하는 한 날이 세상에서 지내는 천 날보다 낫다고 고백할 수 있는 저희들이 되게 하여 주시옵소서.

　오늘도 단 위에 세우신 목사님을 강한 팔로 붙드셔서 우리가 말씀 앞에 변화되는 새로운 역사가 일어나게 하시고 무엇보다 주님의 깊은 사랑이 저희 안에 가슴 깊이 전하여질 수 있도록 성령님께서 함께 하여 주옵소서.

　팜스와 할렐루야 찬양대의 찬양을 받아 주시고 예배를 위한 숨은 봉사자들의 손길을 기억하여 주셔서 저들의 마음의 생각과 손으로 하는 모든 일이 형통함이 있게 하옵소서.

　저희의 예배를 성삼위 하나님께서 온전히 열납 받으시기를 원하며 예수 그리스도의 이름으로 기도합니다. 아멘!

Prayer 047

2020.06.07 주일 낮 예배

이양모 시무장로

전능하신 하나님 아버지! 저희를 죄에서 구원해 주시고 영생의 소망 가운데 살게 하신 주님의 은혜를 진심으로 감사드립니다.

이 시간 주님의 전에 나와 머리 숙인 저희들 지난 한 주간의 삶이 우리의 생각의 따라 살아왔음을 고백합니다. 저희의 죄를 용서하여 주시고 말씀으로 깨닫게 하셔서 하나님 보시기에 아름다운 삶이 되도록 인도하여 주옵소서.

사랑의 주님! 6월, 호국보훈의 달을 맞이하여 나라를 위해 목숨을 바친 호국 영령들, 또 믿음의 선조들을 기억하며 뜻을 잘 받들어 기도하며 살아가는 저희들이 되게 하여 주옵소서.

언제나 우리를 지켜 주시는 사랑의 주님! 우리가 코로나 19로 인하여 일상생활이 제한된 가운데 조금 진정되어지다 다시 수도권에 바이러스 확산으로 인하여 생활의 어려움을 많이 겪고 있습니다. 이를 대처하기 위해 노력하는 방역 당국과 의료진들 자원 봉사자들 수고하는 손길들을 바라보고 있는 온 국민이 힘을 모아 바이러스를 이겨내고 차단하여 더는 확산이 되지 않도록 우리 주님께서 간섭하여 주옵소서.

아직도 사랑하는 성도들이 주님의 전에서 예배를 드릴 수 없는 현실이 계속되고 있습니다. 이러한 가슴 아픈 현실이 더 이상 일어나지 않도록 도와주옵시고 하루속히 주님의 전에서 예배드릴 수 있도록 함께 하여 주옵소서.

아버지 하나님 이번 바이러스로 인하여 그동안 우리 교회가 준비한 행사들이 취소되거나 연기된 일들이 하루속히 안정되어 진행 되어질 수 있도록 도와주시옵소서.

6월 마지막 주일에 원로장로 추대와 장로 장립 안수집사, 권사 임직식이 있습니다. 은혜롭게 진행될 수 있도록 기도하며 준비하게 하시고 하루속히 코로나 19가 진정될 수 있도록 도와주시옵소서

아버지 하나님! 교회를 섬기는 담임 목사님께 지혜와 능력 성령의 충만함 을 주셔서 우리 교회를 잘 이끌어 가실 수 있도록 힘을 주시옵고, 많은 사역 가운데서도 지치지 않는 열정과 영`육의 강건함을 허락하셔서 어떤 고난과 어려움 속에서도 주님만을 바라보며 넉넉히 감당하며 승리하게 하시고 주님께 귀하게 쓰임 받는 목사님으로 세워 주시옵소서.

오늘도 귀한 시간 말씀을 전하실 때 말씀의 능력과 권능을 주시고 듣는 저희들 은혜받게 하셔서 한 주간도 말씀의 붙들림 받아 승리의 삶 살게 하여 주옵소서.

오늘도 각각의 처소에서 예배드리는 사랑하는 모든 성도님들의 가정이 평안하게 하시고 위로부터 주시는 하나님의 은혜를 체험하게 하여 주옵소서. 오늘도 살아서 역사하시며 우리의 예배를 주관하시는 예수 그리스도의 이름으로 기도합니다. 아멘!

Prayer 048

2020.06.21 주일 낮 예배

이병윤 시무장로

평탄하지 않은 길도 평탄하게 하시고, 어려운 환경 속에서도 형통하게 하시는 하나님 아버지! 어제도 오늘도 영원토록 졸지도 아니하시고 주무시지도 아니하시고 항상 불꽃같은 눈으로 바라보시고 지켜주신 은혜에 감사와 찬양을 올려드립니다.

예배는 성도의 생명입니다. 현장과 온라인으로 드리는 예배에 은총을 베풀어 주셔서 거룩함과 기쁨이 충만한 예배로, 새로운 영적 부흥의 기회로 삼아 주시고, 추하고 더러운 우리들의 내면을 십자가의 보혈로 정결하게 씻어주시고 마음과 정성을 다하여 신령과 진정으로 예배하게 하옵소서. 마스크를 쓰고 사회적 거리를 유지하면서 드리는 불편한 예배이지만 하나님을 만나는 기쁨이 충만하게 하옵소서.

코로나 19 전염병의 종식은 오직 하나님의 긍휼하심 밖에 없사오니 이 땅을 긍휼히 여겨 주시옵소서. 코로나 19를 두려워하는 것보다 하나님을 더 두려워하고 자신의 건강보다 더 주님을 사랑하게 하옵소서. 이웃을 만나기가 두렵고 괴로운 환경에 주님의 얼굴을 우리에게 숨기지 마시고 주님의 귀를 우리에게 기울여 주사 우리가 부르짖는 기도에 속히 응답하여 주시옵소서.

이 시간 기도하옵기는 우리 예배를 회복시켜 주시옵소서. 우리 믿음을 회복시켜 주시옵소서. 우리 교회의 사역을 회복시켜 주시옵소서. 우리 가정을 회복시켜 주시옵소서. 나라와 민족을 회복시켜 주시옵소서. 교회에 대한 왜곡된 시선과 모여 예배드리기 어려운 환경이 우리의 믿음을 약화시키고 선교의 장애가 되고 있지만, 하나님의 어리석음이 사람보다 지혜롭고 하나님의 약하심이 사람보다 강하다 하셨사오니, 오직 십자가의 능력만을 의지하며 말씀과 기도로 담대히 나아가게 하옵소서.

다음 주일에 계획된 원로장로 추대 및 항존직 임직식을 통하여 더욱 성숙해 가는 교회가 되게 하옵소서.

밀접 대면 교육이 어려운 가운데 여름 성경 학교와 수련회를 준비하는 전도사님과 부장 집사님과 권사님, 교사들에게 은혜를 내려 주셔서 주어진 환경 속에 최선을 다하여 다음 세대가 하나님의 말씀 안에서 바르게 양육되게 하시며, 부모님의 믿음이 자녀에게로 온전히 흘러가는 은혜가 가정마다 넘쳐나게 하옵소서.

70년 전 동족상잔의 비극이 있던 주일입니다. 지금도 핵을 무장하고 남북 연락사무소를 폭파하며 군사적 위기가 고조시키고 있는 북한 정권을 불쌍히 여기시고 이 땅에 다시는 전쟁의 소식이 없도록 복음으로 하나가 되게 도와주시옵소서.

오늘도 단위에 세워주신 담임목사님, 언제나 성령 충만하게 하시고 선포되는 말씀에 하나님의 능력이 나타나게 하시고 위기를 기회로 반전시키는 지혜와 통찰력을 더하여 주옵소서.

말세지말을 살아가고 있는 저희들이 기름과 등을 준비한 지혜로운 다섯 처녀와 같은 삶을 살게 하소서. 주님께서 언제 부르시든지, 언제 주님이 오시든지 당황하지 않고 주님을 맞이할 수 있는 준비된 삶을 살 수 있도록 믿음을 주옵소서. 그래서 주님의 재림 나팔이 울려 퍼질 때 기쁨으로 뛰어 나가 맞이하게 하소서. 성도들의 귀를 열어 주셔서 예수님을 닮아가는 결단과 헌신이 삶 속에서 나타나게 하옵소서.

예배를 위하여 수고하는 손길 위에 주님의 은총이 함께 하시길 원하오며 거룩하신 예수님의 이름으로 기도합니다. 아멘

Prayer 049

2020.07.01 수요기도회

오용숙 서리집사

사랑과 은혜가 충만하신 아버지 하나님! 수요 예배로 주님 전에 불러주시니 감사합니다. 마음과 정성을 주님께 드리는 진정한 예배되게 하시며 성령님 기뻐하시는 기쁨의 예배되게 하옵소서.

주님 주시는 풍성함에 감사하지 못했고, 주님의 뜻에 순종하기보다는 나의 생각이 우선순위였음을 고백하오니 용서하여 주옵소서. 우리의 연약함을 불쌍히 여기시어 굳건한 믿음을 더하여 주옵소서.

언제나 우리를 긍휼히 여기시고 좋은 것으로 준비하시는 아버지 하나님! 이 시간 아바 아버지를 더 알기 원합니다. 아버지를 진정으로 찾을 수 있도록 도와주옵소서. 생각으로만 입술로만 찾는 것이 아니라 늘 주님과 동행하는 코람데오의 삶을 살아갈 수 있도록 성령님 늘 동행하여 주시고 분별의 영을 부어 주옵소서. 사소한 생각과 말에 넘어지지 않게 하시고 주님의 명령인 서로 사랑하라는 말씀을 우리 모두 서로 실천하는 삶이 되게 하옵소서. 주님이 세우신 신호등 교회가 주님 보시기에 기쁜 교회, '잘 했다' 칭찬받는 교회, 복음과 사랑을 전파하는 교회 되게 하옵소서.

교회를 이끌어 가시는 주님의 귀한 목자 신철호 목사님의 안위를 지켜주시고 늘 깨어 기도하실 때 더 깊은 영성과 지혜를 주시고 성령님 늘 동행하여 주셔서 주님 기뻐하시는 사역이 되게 하소서. 부목사님과 전도사님들께도 같은 은혜를 주셔서 주님의 일을 하실 때에 어려움 없게 하시고 주님의 귀한 목자 되게 하옵소서. 장로님들과 새롭게 직분을 받으신 귀한 분들이 있습니다. 필요에 따라 세우신 직분 잘 감당하게 하셔서 주님께 영광되게 하옵소서.

이제 말씀을 듣겠습니다. 이 말씀이 힘든 시국에 세상을 이기는 힘이 되게 하시며 말씀으로 기쁨이 넘치는 순간순간 되게 하옵소서. 이 모든 말씀 우리의 생명 되시는 예수 그리스도의 이름으로 기도드렸습니다. 아멘!

은혜의 보좌앞에
담대히
나아갈 것이니라

그러므로 우리가 긍휼하심을 받고 때를 따라
돕는 은혜를 얻기 위하여 은혜의 보좌 앞에
담대히 나아갈 것이니라
히브리서 4:16

Prayer 050

2020.07.05 주일 낮 예배
홍정희 안수집사

사랑의 하나님 아버지! 한 주간 동안의 세상의 허물과 우리의 죄악됨을 고백하며 주님 앞에 회개합니다. 용서하여 주시옵소서.

이 시간 우리 모두가 범사에 감사하는 마음으로 맥추감사주일로 예배를 드립니다. 주를 향한 감사의 제사를 드리는 시간이 되게 하여 주옵소서. 철마다 빛과 비를 주시어 파종한 씨앗이 잘 자라게 하셔서 식물로 먹이시고 풍부함으로 기쁨을 주심에 감사드립니다. 맥추 감사절은 보리 수확의 첫 단을 하나님 앞에 드리는 시간으로 하나님 은혜에 기쁨으로 드릴 수 있도록 인도하여 주시옵소서.

이제 코로나 19의 공격도 주님의 능력 안에 소멸되게 하시고, 이 시대에 주시는 주님의 메시지를 깨닫고 회개하는 영들이 되게 하옵소서.

사랑이 많으신 하나님! 담임 목사님을 사랑하시어 영육 간의 강건함과 말씀의 권능과 하나님께서 주시는 능력이 매일 새롭게 하옵소서. 하시는 일마다 주님의 놀라운 역사를 보게 하시고 범사에 곤비치 않으시도록 인도하여 주시옵소서.

긍휼이 풍성하신 주님! 이 시간도 지난 한 주간 동안 아쉬웠던 경건한 삶을 회복하게 하시고, 주님의 참 자녀로 인격이 갖추어지게 하시며, 맡은 일을 성실히 이행하고 책임을 다하여 이 여름을 알차게 살아갈 수 있는 인격과 믿음을 심어 주시옵소서.

사랑의 주님! 코로나19로 인하여 교회 학교와 청년부의 여름 행사와 영`유치부 여름성경학교, 아동부 성경학교가 취소되지 않고 하나님의 능력 안에서 더욱 은혜롭게 치러지게 하옵시며, 침체되어 있는 교회의 각 기관들도 주님의 능력의 오른팔로 강하게 붙드시기를 원합니다. 적재적소에서 교회의 필요에 따라 더욱 힘써 활발하게 움직일 수 있는 기관들이 되게 하시옵소서.

은혜가 많으신 아버지 하나님! 이제 주님의 귀한 말씀을 듣겠습니다. 우리를 향하여 말씀이 선포될 때에 주님의 얼굴을 뵙게 하옵소서. 주님 때문에 신호등 교회가 화목하고 행복하게 하옵소서.

오늘 이 예배를 통하여, 주님을 만나며 또 주님과 연합 되어지는 은혜의 시간이 되게 하소서. 맡은 자리에서 묵묵히 봉사하는 하나님의 백성들이 주님의 뜻을 받들어 섬기기에 부족함이 없도록 역사하여 주시옵소서. 예수님의 이름으로 기도드립니다. 아멘!

하나님께 당당히 나아감을 얻느니라

우리가 그 안에서 그를 믿음으로 말미암아 담대함과
하나님께 당당히 나아감을 얻느니라
에베소서 3:12

Prayer 051

2020.07.05 주일 낮 예배
이양모 시무장로

    사랑이 많고 많으신 아버지 하나님! 죄악으로 인하여 영원히 죽을 수밖에 없는 우리를 사랑하셔서 독생자 예수 그리스도를 내어 주신 크신 사랑과 은혜에 감사와 찬송과 영광을 올려 드립니다.

    오늘도 복된 주일을 허락하여 주셔서 주님의 성전에 나와 예배드릴 수 있게 인도하여 주시니 참으로 감사합니다. 이 시간 오직 살아계신 아버지 하나님께 신령과 진정으로 예배드리는 복된 시간이 되도록 인도하여 주시옵소서.

    아버지 하나님! 갚을 길 없는 하나님의 은혜와 사랑을 받으며 살아가지만 무지하고 연약하여 주님의 마음을 아프게 하며 하나님 보시기에 부끄러운 모습으로 살았습니다. 주님 용서하여 주시고 항상 주님 앞에 겸손히 무릎 꿇게 하시고 성령으로 충만케 하셔서 죄악된 세상 가운데서 믿음으로 승리하며 살아가게 인도하옵소서. 우리의 영혼이 날마다 거듭나고 변화되어 하나님을 기쁘시게 하는 삶을 살아갈 수 있도록 역사하여 주옵소서.

    코로나 19로 인하여 전반기에 모든 행사가 취소되며 가정에서 영상 예배를 드리고 있사오니 하루속히 코로나 19가 종식 되어질 수 있도록 역사하여 주옵소서.

    아버지 하나님! 오늘은 맥추 감사 주일입니다 6개월 동안 하나님의 지켜 주심에 감사하며 정성껏 준비하여 드리는 예물이 되게 하옵소서. 이스라엘 백성들은 첫 것을 정성껏 준비하여 드렸다고 했습니다. 저희들도 정성껏 준비하여 드려지게 하옵소서.

아버지 하나님! 너무나도 어렵고 힘든 시기를 보내고 있는 사랑하는 우리 성도님들 믿음이 나태해지지 않게 하시고 특별히 건강도 책임져 주셔서 이 어려움을 잘 극복할 수 있도록 도와주시옵소서.

아버지 하나님! 담임목사님을 붙들어 주옵소서 늘 영과 육을 강건케 하시고 이 어려운 시기에 계획하고 준비한 목회 일정을 붙들어 주셔서 잘 진행 되어질 수 있도록 역사하여 주옵소시. 귀한 시간에 말씀을 들고 진하실 때에 말씀에 능력 있게 하시고 듣는 저희들은 들을 수 있는 귀가 되게 하셔서 성령 충만함으로 은혜받게 하옵소서.

오늘도 주님의 성전에서 봉사하는 주의 일꾼들 봉사가 복이 되게 하셔서 하늘의 신령한 복을 받게 하옵소서. 귀한 시간 찬양으로 영광 돌리는 할렐루야 찬양을 기쁘게 받으옵소서. 변함없이 우리와 함께 동행하시는 예수 그리스도 이름으로 기도합니다. 아멘!

여호와께서
나의 빛이 되실
것임이로다

나는 엎드러질찌라도 일어날 것이요
어두운데 앉을찌라도 여호와께서
나의 빛이 되실 것임이로다

미가 7:8

Prayer 052

2020.07.19 주일 낮 예배
이병윤 시무장로

우주 만물을 주관하시는 하나님 아버지! 여기까지 인도하신 에벤에셀의 하나님을 기억하며, 지금도 임마누엘의 하나님으로 행하시고 계신 일들을 바라보며, 그리고 앞으로 행하실 일에 대하여 감격과 기대를 가지고 넘치는 기쁨과 감사의 마음으로 예배하오니 받아 주시옵소서. 죄와 허물로 인하여 죽었던 저희들을 예수 그리스도의 십자가의 은혜로 구속해 주심을 감사드립니다.

지나간 한 주간 세상에 살면서 미움과 다툼, 시기와 질투로 가득했던 삶을 회개하오니 용서하여 주시고 거룩한 예배를 통하여 화해와 평화의 모습으로 회복되게 하시고 용서와 사랑 속에 하나가 되는 역사를 이루게 하옵소서.

코로나 19 전염병을 겪고 있는 저희들에게 지혜와 계시의 영을 허락하여 주셔서 진정한 하나님의 뜻을 알게 하시고 우리 마음의 눈을 밝히사 오직 소망의 하나님만 바라보며 다가올 영광의 풍성한 삶을 기대하며 무슨 일을 하든지 내 마음, 내 뜻대로 하지 않게 하시고, 오직 주님의 뜻을 깨닫고 그 뜻에 따라 사는 저희들이 되게 하옵소서.

바울과 실라가 빌립보 옥중에서 기도와 찬송을 드림으로 옥터가 움직이고 옥문이 열리고 매였던 것이 풀렸던 것처럼 기도할 수 없는 환경에서도 기도하게 하시고 찬송할 수 없는 형편에서도 찬송하며, 환난과 핍박 중에도 성도의 신앙을 지키며 믿음으로 승리하는 저희들이 되게 하옵소서.

한국교회가 코로나 종식을 기도하는 것보다 그동안 분열되어 일치되지 못하고 인본주의와 개교회주의와 물질이 하나님의 축복이라는 생각들을 내려놓고 교회를 향한 하나님의 뜻을 묻고 그 뜻을 따르기 위한 신앙적 개혁이 일어나 다시 강력한 공동체로 거듭나게 하옵소서. 교회가 살아야 나라가 살고 민족이 살고 우리의 가정과 삶의 터전이 살게 된다는 것을 깨닫게 하시고 주님의 몸 된 교회에 모이기를 힘쓰며 예배에 집중하며 말씀에 집중하며 기도에 집중하는 저희들이 되게 하옵소서.

다음 세대들을 위하여 기도합니다. 코로나 19 진염병으로 인하여 교회학교가 침체되는 것이 아니라 오히려 주님을 더 가까이에서 만나는 기회가 되게 하옵소서. 모든 것이 불투명하고 모호하지만, 교회학교가 여름 성경학교와 수련회를 준비하며 기도하고 있사오니 수고하는 교회학교 교사들과 교역자들에게 힘과 능력을 더하여 주시고 육적으로 영적으로 지치지 않도록 힘을 더하여 주시옵소서.

오늘도 귀한 말씀을 전하실 목사님께 성령의 충만한 은혜를 주시고 하나님의 귀한 말씀이 선포될 때 예배와 교회의 각종 사역이 회복되고, 우리의 삶의 현장이 살아나고, 세상과 구별하여 나아갈 길을 찾는 생명의 말씀, 능력의 말씀이 증거되게 하옵소서. 말씀을 듣는 성도들, 간절한 마음으로 받게 하시고 우리의 심령이 말씀으로 변화를 받아 하나님께 온전히 쓰임 받는 인생이 되게 하여 주시옵소서

예배 후 한 주간 주님의 나라와 의를 먼저 구하는 삶을 통하여 사막에 샘이 넘쳐 흐르며 영혼이 잘 됨 같이 범사가 잘 되는 복 있는 성도들이 되게 하옵소서. 우리의 삶이 현재만을 위한 삶이 아니라 부활을 소망하며 영원한 천국을 바라보며 승리하는 삶을 살게 하옵소서.

모든 감사와 찬양과 영광을 주님께 올려 드리오며 예수 그리스도의 이름으로 기도드립니다. 아멘!

Prayer 053

2020.07.22 수요기도회

함희정 서리집사

사랑과 은혜가 충만하신 하나님 아버지! 지난 3일 동안에도 저희를 주님의 사랑과 은혜와 보호 속에서 살게 하시고, 다시 이 시간 주님의 거룩하신 성전에 나와 기도하게 하시니 그 사랑과 은혜에 감사와 영광을 드립니다. 오늘도 갈급한 심령으로 나왔사오니 주께서 저희의 기도에 응답해 주시옵소서.

이 나라와 민족을 위해서 기도합니다. 현재 포괄적 차별금지법이 진행 중입니다. 시대가 점점 악해지고 하나님의 창조질서에 반하는 일들이 많이 일어나고 있습니다. 하나님은 분명한 성 정체성을 가진 남자와 여자를 창조하셨습니다. 이러한 법 때문에 성 정체성에 혼돈이 있지 않게 하시고, 하나님의 질서가 바로 서기를 기도합니다. 또한 포괄적 차별 금지법으로 인해 교회의 질서가 무너지지 않기를, 예배가 방해받지 않기를 기도합니다.

자라나는 다음 세대를 위해서 믿음의 선배인 우리들이 이 나라와 민족을 위해 위정자들을 위해서 기도해야 합니다. 코로나로 인해 사람들 간의 관계가 깨져 가고 있고 예배의 모습이 무너져 가는 것을 느낍니다. 이런 때일수록 영성이 약해지지 않도록 주님께서 붙잡아 주시고 하루속히 백신이 개발되어 코로나가 종식되고 평안을 누리게 하여 주시옵소서. 그리하여 진정한 예배자의 모습으로 바로 설 수 있게 하여 주시옵소서.

주여! 저희 성도들의 직장과 가정과 자녀들에게 함께 하셔서 축복에 축복을 더하여 주는 놀라운 주님의 역사가 일어나게 하옵소서. 온 성도들이 선으로 협력하여 서로 사랑하고 이해하며 감싸 줄 수 있는 교회가 되게 하여 주시옵소서. 주님의 몸 된 교회를 위하여 수고하시는 목사님들과 전도사님들에게 은혜와 진리로 충만케 하여 주시옵소서.

이 시간 목사님을 통하여 주시는 말씀이 은혜가 넘치게 하옵소서. 이 예배를 온전히 주님께 드리며 우리를 구원하러 이 땅에 오신 예수님의 이름으로 기도드렸습니다. 아멘!

같은 마음과 같은 뜻으로 온전히 합하라

너희 가운데 분쟁이 없이
같은 마음과 같은 뜻으로 온전히 합하라
고린도전서 1:10

Prayer 054

2020.07.26 주일 낮 예배
박종철 안수집사

만세 전에 저희를 택하시고 은혜 중에 다스리시며 때를 따라 필요한 목을 내려주시니 한없는 은혜에 감사와 경배를 드립니다. 저희는 진실로 하나님으로 인하여 즐거워하는 자들임을 고백합니다. 그러나 너무나 자주 죄악 세상에 물들며 합당치 못한 생활에 빠지곤 합니다. 그러한 저희 죄가 더욱 가증스럽고 한심스러워 이 시간도 저희의 연약함을 슬퍼하며 회개하오니 용서해 주시기를 간절히 원합니다.

하나님 새로운 한 주간을 시작하며 주님의 은혜를 바라오니 살아계신 하나님의 임재를 느끼게 하여 주시옵소서. 저희는 주님 은혜를 통하지 않고서는 절대로 소망의 그늘 아래 거할 수 없음을 고백합니다. 아버지께서 저희 안에 사시며 사랑의 줄로 묶으사 은혜 보좌 앞으로 인도하여 주시길 원합니다.

사랑이 많으신 하나님! 한 주간 살면서 저희가 슬픔을 당할 땐 환난을 통한 은혜에 이르는 길을 열어 주시며, 수모와 멸시를 당할 땐 하나님의 더욱 가까이에서 사랑하고 계심을 알게 하고, 참을 수 없고 견딜 수 없는 세상의 어떤 어려움 일지라도 더 큰 하늘에 은혜로 이기게 하옵소서. 절대 악인의 꾀에 빠지지 않고 오직 주님의 말씀을 즐거워하며 주야로 묵상하며 주님의 인도하심에 순종케 하옵소서.

이 시간도 사랑하시는 목사님께 능력과 권능을 더하셔서 주님의 이름이 영광을 거두도록 역사하여 주시고 말씀충만, 성령충만, 인도하여 주시옵소서. 예수 그리스도 이름으로 기도합니다. 아멘!

Prayer 055

2020.07.29 수요기도회

정민옥 서리집사

하나님 아버지! 삼일 동안 보호하여 주시어 수요예배로 모일 수 있게 하시니 감사드립니다. 지금까지 하나님 말씀을 듣고도 잊어버리고 나의 고집과 욕심으로 살아왔음을 고백합니다. 하나님 아버지 용서하여 주시옵소서

하나님 아버지! 코로나로 힘들어하는 이들이 너무나 많습니다. 고생하시는 의료진과 그 외 속한 모든 이들에게 지치지 않고 최선을 다할 수 있게 도와주시옵소서. 하루속히 백신과 치료제가 개발되게 하옵소서. 신호등 교회 모든 부서들이 예전처럼 활발하게 하나님 나라를 세워 나갈 수 있는 환경과 여건이 되게 허락하여 주시옵소서.

하나님 아버지! 이번 주부터 청년부를 시작으로 교육기관들이 모임을 갖습니다. 많은 성도가 기도로 준비하고 있사오니 처음부터 끝까지 잘 진행될 수 있도록 도와주시옵소서. 하나님을 더 사랑하고 성장하는 주의 자녀들이 다 되게 역사하여 주시옵소서.

하나님 아버지! 담임 목사님을 위하여 기도합니다. 항상 영육 간에 강건케 하시고 말씀에 능력을 더하여 주옵소서. 말씀 전하실 때 피곤치 않게 하옵소서. 또한 부목사님과 세 분의 전도사님께도 같은 능력을 더하여 주옵소서. 담임 목사님들을 도와 하나님 나라를 세워 나아가는데 부족함이 없게 해 주옵소서. 사랑이 많으신 예수님의 이름으로 기도드립니다. 아멘!

Prayer 056

2020.07.31 금요 영성 치유기도회

서귀선 시무권사

거룩하신 하나님 아버지! 오늘도 여러 곳에서 여러 모양과 복잡한 삶 속에서 지내다가 낮고 천한 저희들을 이렇게 따뜻한 주님의 음성으로 주의 전으로 모아 주시고 예배드리게 하시니 감사합니다. 우리가 영적인 예배를 드리고 진실한 예배를 드릴 수 있도록 성령으로 인도하시고 마음과 뜻과 정성을 집중시켜 주옵소서.

사랑의 하나님! 코로나 19로 인하여 혼란한 시기를 틈타서 교회 활동을 교묘히 탄압하는 악한 자들의 흉계를 막아 주시며, 온라인을 통해 예배드리는 현실 속에서 분열이 틈타지 않도록 도와주시며, 성령께서 동일하게 역사하셔서 큰 은혜와 위로를 더하여 주옵소서.

하나님 아버지! 사랑하시는 담임 목사님, 저희들을 말씀과 신앙으로 잘 양육하시도록 붙잡아 주셨음을 감사드립니다. 목양일념으로 영혼과 육신 모두를 하나님께 드리는 목사님을 붙잡아 주셔서, 말씀과 은혜와 육신의 건강과 영적인 능력이 날로 더하게 하여 주시고, 주님께서 맡겨주신 사역 안에서 최상의 열매를 당신의 종으로 우뚝 세워 주옵소서.

하나님! 저희들 정말 어지러운 세상을 살고 있습니다. 정체성을 잃고 방황하는 이 민족에게 하나님 함께 하시사 어지러운 법들 제정되지 않게 도와주시옵소서. 우리 다음 세대들이 건강한 사회, 건강한 땅에서 세워질 수 있도록 함께 하여 주시기 원합니다.

사랑의 하나님! 참 좋은 신호등 교회를 이곳에 세워 주시고 오늘까지 함께 하심을 감사합니다. 모든 것이 하나님의 은혜와 축복이었음을 이 시간 고백합니다.

거룩하신 하나님 아버지! 청년부 1일 수련회가 내일 진행됩니다. 수련회를 위해 주관하시는 이현식 전도사님과 이모저모로 준비하시는 모든 분들을 기억하여 주시되 피곤치 않도록 함께하여 주시고 끝까지 은혜로 진행하시도록 탁월한 지도력을 주옵소서. 매 순간마다 주께서 함께하여 주시고, 적극 참여하여 평소에 나누지 못한 그리스도 안에서 한 형제, 자매됨의 축복을 누리게 하옵소서. 수련회중 크고 작은 안전사고들이 발생하지 않도록 철저히 준비하고 예방하며 기도로 주님의 보호하심을 간구하길 소원합니다.

사랑의 하나님! 이 세상은 실로 마른 광야와 같습니다. 우리의 심령 또한 빈들의 마른 풀과 같습니다. 하나님 말씀을 듣겠습니다. 말씀 대언하시는 목사님, 성령으로 강하게 붙들어 주시며, 우리의 예배가 하나님께 영광이 되고 성령으로 감동되는 귀한 시간 되게 하시며, 우리의 메마른 영혼이 해같이 되고도 남을 만큼의 성령의 단비를 내려 주옵소서.

예배의 모든 순서를 주님께 의탁하오며 예수님의 이름으로 기도합니다. 아멘!

여호와앞에 완전하라

너는 네 하나님 여호와 앞에 완전하라
신명기 18:13

Prayer 057

2020.08.02 주일 낮 예배

이충환 안수집사

생사화복을 주관하시는 하나님 아버지, 우리의 삶에서 에벤에셀의 하나님, 사랑과 은혜가 충만하신 하나님 아버지, 우리가 상상할 수 없을 만큼 크고 아름다운 이 세상을 지으시고 저희에게 생명을 주신 하나님 감사합니다. 이렇게 주일을 맞아 저희 성도들 주님 앞에 모여 주님을 찬미하오니 이 예배와 기도, 찬양을 기쁘게 받아 주시옵소서. 우리의 주님은 심판보다 사랑으로 감싸주시고, 우리의 기도를 필요한 때 필요한 시기에 우리가 알지 못하는 사이에 이루어 주시고 약속한 것 보다 많은 은혜를 보답해 주시는 하나님 아버지이십니다. 하나님 아버지는 저희가 세상에 미혹되어 세상의 우상에 빠져 아버지를 외면해도 저희를 용서하시는 사랑이 넘치는 은혜와 자비의 하나님이십니다.

하지만, 우리는 간사한 마음을 가진 인간으로 하나님의 말씀과 약속을 우리의 입맛에 맞게 재단하고 편리한 대로 다시 포장해 임의의 하나님을 만들어 사용하고 일회용품을 사용하듯 해 버리고 우리들 자신이 세상의 모든 것에 중심이 되는 듯 착각하며 오늘도 살고 있는 어리석은 존재들입니다. 우주만물을 창조하신 하나님의 세상에서는, 아니 태양계 안에서 티끌보다 작은 저희를 불쌍히 여기사 저희의 못난 점을 꾸짖지 마시고 타이르소서.

우리의 어리석고 지혜 없음을 이 시간 눈물로 회개하고 고백하오니 하나님의 마음으로 예수님의 눈으로 세상을 바로 볼 수 없는 지혜와 마음을 주셔서 세상을 밝히는 등불과 소금처럼 살게 하옵소서.

우리의 주위에 있는 안 믿는 사람들을 불쌍히 여겨 감싸주며 믿지 않는 이웃 사람들과 소통하고 아픔을 나누며, 이웃의 기쁨을. 나의 기쁨처럼 공감하며 나눌 수 있는 따뜻한 마음 주셔서 우리가 몸 담고 있는 신호등 교회가 지금보다 더 향기가 퍼져 나가는 교회로 변화되게 하옵소서.

하나님께서 세워주신 우리 대한민국을 위하여 하나님 앞에 기도드립니다. 주님 인간이 얼마나 나약하고 미약한 존재인지를 깨닫게 하시는 하나님, 이제는 온 세상이 코로나 19로 부터 벗어날 수 있도록 속히 놋뱀과 같은 백신과 치료약을 주셔서 이 나라와 민족 온 인류를 고통에서 벗어나게 하옵소서. 하루빨리 이 고난에서 벗어날 수 있도록 저희들을 도와주셔서 코로나로 인한 경제적인 고난을 함께 헤쳐 나갈 수 있도록 용기를 주시옵시고 이 길이 멀고 험해도 지치지 않고 질병과의 싸움에서 승리하는 이 땅이 되게 하옵소서.

하나님 아버지가 세우시고 사용하시는 대한민국이 코로나 19 위기를 극복 중인 유일한 우리나라 코로나 19 이전과 세상과 이후가 변하고 있는 세상에서 세계의 중심이 되게 하시고, 그로 인하여 많은 일자리가 생기고 헬조선이 아닌 베스트 코리아로 변화해 청년들이 행복하고 n포세대가 아닌 작은 아이로부터 어른에 이르기까지 행복하고 소외된 사람이 없는 나라로 거듭날 수 있도록 대통령과 여, 야 모두 지도자가 뭉쳐 현명한 판단과 위기를 기회로 바꾸는 역사가 일어나게 하옵소서.

오늘 예배를 위하여 단 위에 서신 신철호 목사님 영육 간에 강건하게 하시고 기도와 말씀에 권능 있게 하시고 치유에 능력도 주옵소서. 겸양하게 하시고 신철호 목사님 조금도 아프지 않고 목회 감당할 수 있는 무한한 건강 주시기를 원합니다. 이 예배를 위하여 음. 양으로 봉사하는 숨은 손길 기억하여 주시고 , 많은 은혜 주시길 원하며 우리의 기도와 예배가 하늘 보좌 앞에 상달될 수 있는 예배가 되게 하시고, 이 예 배 처음부터 끝까지 함께 하여 주시기를 우리 구주 예수 그리스도의 이름으로 기도드렸습니다. 아멘!

Prayer 058

2020.08.02 주일 낮 예배

이양모 시무장로

거룩하시고 자비로우신 아버지 하나님! 주님의 은혜에 감사와 영광을 올려 드립니다. 오늘도 거룩한 주일을 맞아 저희들의 발걸음을 주님 앞으로 인도하시어 머리 숙여 예배를 드리게 하시니 참으로 감사합니다.

이렇게 주님께서는 각별한 은혜와 사랑을 주셨지만 저희들은 오히려 물질의 풍요로움에 몸과 마음을 쏟고 세상과 적당히 타협하며 세속적인 삶으로 살아온 이 불쌍한 죄인들을 용서하여 주시옵소서.

사랑의 하나님 아버지! 주님의 피 값으로 이 곳에 귀한 제단을 세워 주심에 감사드립니다. 이 제단을 통하여 주님 앞에 머리 숙인 우리가 하나님을 경외하고 이웃에게 사랑을 베풀어 섬김의 도리를 다하며 본이 되는 삶을 살게 하옵소서.

자비로우신 하나님 아버지! 코로나 19로 인하여 모든 교회의 생활 패턴이 바뀌어 어려움을 겪고 있습니다. 이때쯤이면 교회마다 여름행사로 다음 세대들을 위해 성경학교와 수련회가 진행되어야 되는데 모든 행사들이 축소되며 제대로 진행되는 행사가 없습니다.

주님 가슴 아픈 이 시기에 다음 세대를 위해 기도하며 신앙에 본을 보이며 관심을 가지고 그들을 위해 기도하는 교회가 되게 하시고, 신앙에 좋은 유산을 물려줄 수 있는 저희들이 되게 하여 주옵소서.

아버지 하나님! 예상치 못한 장맛비로 인하여 혼란을 겪고 있는 중부지방과 남부지방에도 함께 하셔서 하루 속히 안정이 되어질 수 있도록 도와주시옵소서.

또한 아버지 하나님, 세계 곳곳에서 여러 가지 징조를 볼 때 주님이 오실 때가 얼마 남지 않았나 생각이 되어집니다. 우리들의 신앙을 다시 한번 돌아보며 주님 앞에서 더욱더 헌신하며 봉사하는 주의 성도들이 되게 하여 주시옵소서.

아버지 하나님! 우리 교회 성도님들을 기억하사 가정들이 평안하게 하시고 늘 감사하는 일들만이 가득하게 하여 주시옵소서. 또한 육신이 나약한 성도에게는 건강을 주시고, 물질로 인하여 어려움을 당하는 자에게는 하나님의 손길로 인하여 채워지는 역사가 있게 하옵소서. 교회 안에서 소외된 자가 없게 하시고 늘 하나님과 동행하는 삶을 살게 하옵소서

오늘도 주의 전을 섬기는 담임 목사님을 붙들어 주옵소서. 늘 영과 육을 강건케 하시고 주의 사역을 잘 감당하는 목사님이 되게 하시옵소서. 성령의 충만함으로 오늘도 말씀을 전하실 때에 말씀에 능력이 있게 하시고 듣는 저희들은 들음으로 깨닫는 은혜를 주셔서 한 주간도 승리에 삶을 살게 하여 주옵소서.

오늘도 주의 전을 섬기는 주의 손길들을 기억하사 그들의 수고와 헌신이 복이 되게 하시고 기쁨이 되게 하옵소서. 귀한 시간에 드려지는 할렐루야 찬양을 기쁘시게 받으시옵소서. 우리를 죄에서 구원하시는 예수 그리스도 이름으로 기도합니다. 아멘!

Prayer 059

2020.08.05 수요기도회

이은숙 서리집사

하나님 아버지 감사합니다. 폭우 속에서도 지난 3일 동안 아버지의 양 날개 안에 품어 주셨다가 수요예배의 자리로 불러 주시니 감사합니다. 저희들이 예수님 한 분만으로 기뻐하며 평안을 얻게 하여 주옵소서

이 나라를 주님의 손에 올려드립니다. 이 나라의 위정자들에게 지혜와 의와 분별력을 더하여 주시사 자신의 욕망에 사로잡혀 정치하는 것이 아니라 진정으로 백성을 위하고 세우는데 힘을 쏟고 노력하게 하옵소서. 지금 이 나라는 포괄적 차별금지법이라는 미명 하에 동성애를 합법화하려 하고 있습니다. 인권보호라고는 하지만 인권이 오히려 악용되고 있으며 신앙과 윤리와 양심이 역차별을 당하고 있습니다. 이 또한 하나님의 명령에 정면으로 도전하는 명백한 죄임을 깨닫게 하여 주시고 탄식하며 통회하며 기도하는 저희들이 되게 하여 주셔서 분명 하나님이 살아 역사하고 계심을 알게 하여 주시옵소서.

아름다워야 할 이 세상은 코로나19로 두려움과 불신과 의심으로 가득 차있습니다. 이 나라 이 민족을 그것들로부터 건져 주시고 매일매일이 달라지는 상황 속에서 저희들이 적절하게 대처할 수 있도록 지혜와 건강을 주시고, 신약이 개발 되어서 하루빨리 종식될 수 있도록 인도하여 주시며 이 땅 위에 하나님의 뜻이 더욱 확고히 서게 하여 주옵소서.

여름 수련회를 은혜 가운데 마친 청년부가 받은 은혜를 잘 간직하고 예수님의 발자취를 따라 살아가는 청년들이 되게 하여 주시옵소서. N포 세대라고 하는 세상의 말

에 미혹되지 않게 하시고 예수 그리스도를 믿음으로 말미암아 절대 소망을 선포하며 개인주의, 패배주의, 낙심, 비교 , 열등감 등 거룩하지 못한 세상의 생각들로부터 지켜 주시옵소서.

교회학교를 회복시켜 주시고 부흥시켜 주옵소서. 무너져가는 다음 세대가 순전한 꽃으로 피어나며 거룩한 의의 나무로 자라게 하여 주옵소서.

담임 목사님과 부목사님 세 분의 전도사님들께 더 큰 은혜를 부어 주시사 주님과의 교제의 깊이를 더 하여 주시고 생명력으로 넘쳐나게 하여 주옵소서.

말씀을 전하시는 목사님 영육 간의 강건함을 주시고 함께하여 주옵소서. 감사하옵고 예수님 이름으로 기도드렸습니다. 아멘!

*더불어
화목하게
하시느니라*

사람의 행위가 여호와를 기쁘시게 하면
그 사람의 원수라도 그로 더불어 화목하게 하시느니라
잠언 16:7

Prayer 060

2020.08.07 금요 영성 치유기도회
양숙희 시무권사

거룩하신 하나님 아버지, 오늘도 호흡하게 하시고 생명을 주셔서 귀한 예배 자리로 불러 주심을 감사드립니다. 내 집 보다도 더 좋으신 성전에서 현장 예배를 드릴 수 있도록 인도하여 주심도 감사드립니다. 많은 교회들 중에서 이곳 신호등 교회에서 올려드리는 예배를 흠향하여 주시고 지금 각자 처소에서 드려지는 예배와 기도에도 응답하여 주시옵소서.

주님, 이런 날이 오리라고는 상상도 못했습니다. 모두 모여 성전에서 드리는 예배가 아닌 오고 싶어도 오지 못하고 영상으로 보는 예배가 되어 버린 것이 너무 맘이 아픕니다. 죽을 수밖에 없는 저희들 대신 죄값을 치르시고 구원하여 주신 예수님! 그 귀한 값을 몸소 지불해 주셨는데 도리어 우리의 죄악으로 인하여 주님의 이름을 땅에 떨어뜨렸음을 아버지여 용서하여 주시옵소서. 저희가 세상과 타협하고 잠잠하고 너무 안일하게 살아 왔습니다. 하나님 아버지 저희의 무지함을 용서하여 주시옵소서.

이 귀한 철야예배 때 밤새 주님을 찬양 드리면서 말씀을 들었어도 주님께서 주신 힘으로 피곤한 줄 모르고 직장을 다녔던 일들을 기억합니다. 예수 천당, 불신 지옥을 담대히 외쳤던 일들도 있었습니다. 하나님 아버지 다시금 주님께 목소리 높여 찬양드리기를 원합니다. 현장 예배를 드리기보다는 영상 예배를 보는 것이 되어버린 이 상황을 거둬 주시옵소서. 더욱더 주님 앞에 모여 아버지께 애통하는 심정으로 간구하게 하시고 2천 년 전의 말씀이 지금도 역사 하시는 줄 아오니 말씀으로 이기며 기도의 힘이 있다는 것을 주의 자녀들을 통하여 세상 모두가 알게 하옵소서.

지금 나라마다 홍수와 사고로 전염병으로 혼탁해져 가며 어려움을 겪고 있습니다. 아무리 치료의 약을 개발한다 할지라도 또 다른 것으로 허락하시는 하나님 아버지께서 그만하라 하실 때 멈춰지는 줄 아오니, 아버지의 방법으로 간섭하여 주시고 아버지의 손이 함께하여 주셔서 하루빨리 종식되어 예배가 다시금 회복되도록 도와주시옵소서. 성경 말씀 속에 애굽의 장자들만 치시고 유월절의 어린양의 피로 지켜주심을 진심으로 감사드립니다.

사랑이 많으신 우리 아버지 하나님! 이 나라 이 민족이 목숨을 걸고 복음을 지켰던 선진들의 믿음으로 이 나라가 큰 복을 받았음에도 불구하고 그 복을 위정자들이 하나님께 나아가는 것을 막고 있습니다. 마스크 쓰면서 찬양을 드리는 것도 아버지께 참 부끄러운 일인데 예수님의 이름을 부르지 못하게 막으려고 합니다. 또한 아버지께서 가장 가증히 여기시는 동성애를 합법화시키고 차별금지법을 현실화하려고 합니다. 세상 사람들은 이런 일들에 아무렇지 않게 대하는 모습이 너무 안타깝습니다. 하나님 아버지 도와주시옵소서. 하나님의 방법으로 제거하여 주시고 권능의 손으로 다스려 주시옵소서.

우리 성도님들은 이런 일들에 무관심하거나 방관하지 않게 하시고 교회 안에서는 우리가 싸울 것은 육적인 일에 다툼이 아니라 마음과 뜻을 같이하여 천국 백성에서 떨어지지 않도록 서로 세워줄 수 있는 영적인 일에 민감하게 하옵소서.

참 좋으신 하나님 아버지! 예배를 준비하여 드리시는 바 본이 되시는 담임목사님, 부목사님, 세 분의 전도사님을 이곳 신호등 교회에서 사역하게 하심을 감사드립니다. 아버지의 마음과 심정으로 맡겨주신 주의 자녀들을 끝까지 잘 인도하게 하시고, 늘 성령 충만함으로 허락해 주셔서 주님의 뜻과 비전을 이뤄드리는 교회로 잘 세워갈 수 있도록 하옵소서.

이 시간 담임 목사님께서 말씀을 대언하실 때 피곤치 않도록 꼭 붙잡아 주시고 주의 말씀을 잘 풀어 주시어 듣는 저희들 모두가 깨달아 알게 되기를 원합니다. 그리하여 세상 어려운 가운데서도 신앙을 지키는 부모세대가 되어서 자녀들에게 믿음의 유산을 남겨주어 하나님께 쓰임 받는 선한 일꾼으로 복을 받게 하시고, 거룩, 성결, 의, 경건이 하나님의 자녀들로 통하여 지켜질 때 신앙과 나라와 경제가 다시금 회복되기를 간절히 바라옵고 원하오며, 존귀하신 예수님의 이름으로 기도드립니다. 아멘!

빛을
우리 마음에
비추셨느니라

예수 그리스도의 얼굴에 있는 하나님의 영광을 아는
빛을 우리 마음에 비추셨느니라
고린도후서 4:6

Prayer 061

2020.08.09 주일 낮 예배
마창국 안수집사

사랑과 은혜가 충만하신 하나님 아버지! 지난 한 주간 저희들 건강하게 지켜 주시고 각자의 삶 속에서 믿음으로 수고하며 살게 하여 주셔서 감사드립니다. 오늘 주일을 맞이하여 하나님 아버지께 예배를 드릴 수 있게 하여 주시니 더욱더 감사드립니다.

전능하신 하나님 아버지! 지난 한 주간 저희들의 삶 속에서 부족한 마음으로 주위에 있는 분들께 시기와 질투 속에 살지는 않았는지, 내 입술로 남을 정죄하며 살지는 않았는지, 예배의 시간을 통해서 하나님 아버지께 회개하며 성령 충만한 마음으로 예배를 드릴 수 있도록 도와주시옵소서. 전능하신 하나님 아버지! 이 나라, 이 민족을 위해 기도드립니다. 대한민국을 불쌍히 여겨 주시옵소서. 나라와 민족을 이끌어 가는 위정자들에게 나라와 국민을 위해 헌신하는 마음으로 정치할 수 있도록 지혜를 주시옵소서. 정치, 경제, 사회가 안정되어 청소년들이 꿈을 안고 그 꿈을 위해 일 할 수 있는 대한민국이 될 수 있도록 은총을 베풀어 주시옵소서.

전능하신 하나님 아버지! 하루속히 코로나 19와 장마철을 끝내 주시어 다음 세대들이 마음 놓고 공부하며 학교 운동장에서 친구들과 뛰어놀며 건강한 정신으로 다져가는 중고등부, 아동부 학생들이 되게 하여 주시옵소서. 장마로 인해 많은 피해를 입은 모든 국민들에게 하나님 아버지께서 위로하여 주시고 새 희망을 주시옵소서.

하나님 아버지! 신호등 교회를 사랑하여 주시어 나라와 민족을 위해 기도하는 교회가 되게 하여 주시고 복음을 전하는데 부족함이 없는 교회, 영혼을 살리는 교회, 세상의 빛과 소금이 되는 성령 충만한 교회가 되게 하여 주시옵소서.

하나님 아버지! 신철호 목사님을 위해 기도드립니다. 힘든 시기에도 성령 충만함으로 채워 주셔서 지혜롭게 교회와 성도님들 잘 이끌어갈 수 있도록 건강함도 채워 주시옵소서. 목사님께서 세우신 비전들이 하나님의 뜻과 비전이 되어 다 이룰 수 있도록 도와주시옵소서.

부목사님과 세 분의 전도사님, 하나님 아버지께서 사랑하여 주셔서 힘든 과정들을 위로하여 주시고, 하나님 아버지의 그 크신 은혜로 건강함으로 하나님 아버지의 귀한 사역을 잘 감당하게 하여 주시옵소서. 주의 종의 가정이 항상 평안함으로 채워 주시고 어려움을 당하지 않도록 지켜 보호하여 주시옵소서.

하나님 아버지! 신호등 교회 성도님들 가정이 힘든 시기에 건강 지켜 주시고 귀한 삶 속에서 어려움 당하지 않도록 지켜 주시고 평안한 가정 이루며 하나님 아버지의 귀한 가정들이 될 수 있도록 함께하여 주시옵소서. 주일을 맞이하여 하나님 아버지의 사명을 잘 감당하고자 이른 아침부터 수고하시는 교사 선생님들, 차량과 주차로 수고하시는 집사님들, 주방에서 하시는 권사님, 집사님들, 건강함으로 채워주시고 주님께서 주신 힘으로 감사함으로 감당케 하시옵소서,

하나님 아버지! 청년부 수련회를 은혜롭게 잘 마무리하게 하여 주셔서 감사드립니다. 수고하신 전도사님, 부장 집사님께도 은총을 베풀어 주시옵소서. 젊은 혈기를 세상에 빠지지 않고 선악을 분별할 줄 알아 아버지께서 주신 삶의 목적을 향해 힘차게 나아갈 수 있도록 인도하여 주시옵소서.

하나님 아버지, 이제 목사님을 통하여 말씀을 받습니다. 전하실 목사님 성령 충만함으로 채워 주셔서 그 말씀이 은혜 충만한 말씀이 되게 하여 주셔서 성도님들 귀하신 말씀을 붙잡고 한 주간 묵상하며 기도로 승리하는 삶 살게 하여 주시옵소서. 오늘도 살아서 역사하시는 예수님 이름으로 기도드렸습니다. 아멘!

Prayer 062

2020.08.16 주일 낮 예배

한재석 시무장로

　은혜로우신 하나님 거룩하고 복된 주님의 날 주님을 아바 아버지로 고백하는 당신의 사랑하는 자녀들이 이 시간 내 주 아버지 하나님을 찬양하고 경배하며 예배하고자 주님의 성전으로 인도하여 주시니 감사합니다.

　한 순간도 하나님의 은혜가 아니면 살아갈 수 없는 연약한 인생이지만 우리의 한 주간의 모습은 믿지 않는 자와 얼마나 구별된 삶을 살아왔는지 구별조차 하기 힘들 정도로 광야 같은 세상 속에서 빛과 소금의 사명을 잊은 채 세상과 타협하고 안주하며 세상 향락을 쫓아 살아왔음을 고백하오니, 우리의 연약한 믿음을 용서하여 주시옵소서. 말씀이 육신이 되어 우리 가운데 거하시는 예수 그리스도의 은혜로 정결케 하여 주시옵소서.

　사랑과 은혜가 풍성하신 하나님! 이 시간 나라와 민족을 위해 기도합니다. 이 나라 이 민족이 지금 어디로 무얼 향해 나아가고 있습니까? 코로나 19 라고 하는 처음 겪어보는 펜데믹 현상으로 세계와 열방이 다 몸살을 앓고 있고 곳곳에 집중호우로 인해 수해를 겪는 많은 수재민이 발생하고 있지만 정치권은 혼란의 틈을 타서 하나님의 창조질서를 어지럽히는 일을 강행하려고 합니다. 소돔과 고모라성이 유황과 불로 심판을 받은 것은 하나님이 만드신 창조질서에 역행하는 동성애와 성적인 타락이 만든 결과임을 알고 그 질서를 세워야 하는 이때에 국가의 지도자들이 이 나라 이 민족을 멸망의 구렁텅이로 빠지도록 조장하고 있습니다.

　이 시간 기도하오니 하나님의 창조질서가 세워져 가는 민족이 되게 하여 주시고 하나님을 두려워하며 국가와 국민의 발전을 위한 정치를 할 수 있도록 지혜로 인도하여 주옵소서. 코로나 19 확산을 방지하기 위해 행정을 빙자한 교회를 향한 정치행위를 중단하고 제대로 된 행정 능력을 발휘할 수 있도록 인도하여 주옵소서.

코로나 19가 재확산이 아닌 종식되어 모든 것이 일상으로 돌아갈 수 있도록 은혜를 베풀어 주시고 집중호우로 인해 발생된 수해현장이 조속히 복구되어 아픈 상처가 치유되어 회복의 역사가 있게 하옵소서.

이 시간 교회를 위해 기도합니다. 주님의 핏값으로 세우신 교회를 축복하여 주시옵소서. 주의 교회가 세우신 그 목적대로 노아의 방주와 같은 구원의 사역을 감당하는 교회가 되게 하여 주시고 세상을 향하여 주의 말씀을 선포하는 교회, 나아가 어려운 이웃을 찾아 돌보며 주의 사랑을 실천하는 교회가 되게 하여 주시옵소서. 무엇보다도 코로나 19 사태 이후 우리의 예배가 말씀을 듣고 순종하며 주님의 뜻을 세워가는 예배가 아닌 걱정과 두려움으로 주의 전을 찾는 것조차 꺼려하는 현실 속에 있는 우리의 모습 속에서 담대히 나아가 예배가 회복되고 우리의 영성을 새롭게 세워나가 깨어 기도하며 주님 말씀 안에 사는 성도들이 되게 하여 주시옵소서.

다음 세대의 주인공인 교육부의 여름행사가 은혜 가운데 마치게 하신 주님, 우리 학생들이 세상 교육보다 먼저 하나님의 말씀으로 훈련받아 세상을 바라보는 영안이 열리고 주안에서 소망을 발견하고 꿈을 키워 나가는 친구들이 되게 하옵소서.

주의 성도들의 삶을 돌보아 주시사 코로나 19로 경제활동이 힘들고 일자리가 축소되거나 없어지고 질병으로 힘들고 지쳐있는 이때에 피할 길을 열어 주옵소서. 취업의 문이 열려지고 물질의 문제가 해결되며 질병이 치유되어 영적으로 굳건한 하나님의 자녀로 세워가며 포기하지 않고 위로부터 공급하시는 하나님의 은혜로 강건하게 세워 주시옵소서.

은혜로우신 하나님! 이 시간 주께서 세우신 주의 종을 기억하여 주시사 말씀으로 성도들을 푸른 초장, 쉴만한 물가로 인도하도록 성령 충만과 주의 능력을 더하여 주시고 성도들의 가정을 위하여 기도하고 돌보며 섬기며 나아갈 때에 하나님의 풍성한 은혜를 더하여 주시옵소서.

주님 이 시간 주의 말씀을 들으려 합니다. 우리의 모든 신경을 말씀에 집중하게 하여 일점일획 변함이 없는 주의 음성으로 받게 하여 주시고 그 말씀을 마음판에 새기는 은혜로운 시간이 되게 하옵시고 그 말씀을 붙들고 다시 한 번 주 안에서 꿈꾸는 신호등, 그 꿈을 이루시는 하나님의 말씀으로 믿고 힘차게 나아가는 삶이 되게 하옵소서. 그 말씀이 우리의 삶 속에서 그리스도의 향기로 드려지게 하옵소서.

예수님 이름으로 기도합니다. 아멘!

두려워하지 말라 내가 너와 함께 함이라

두려워하지 말라, 내가 너와 함께 함이라.
놀라지 말라, 나는 네 하나님이 됨이라
내가 너를 굳세게 하리라, 참으로 너를 도와 주리라.
참으로 나의 의로운 오른손으로 너를 붙들리라.

사 41:10

Prayer 063

2020.08.23 주일 낮 예배

이병윤 시무장로

'너희는 마음에 근심하지 말라 하나님을 믿으니 또 나를 믿으라'고 말씀하신 주님! 그리스도께서 하나님 곧 우리 아버지의 뜻을 따라 이 악한 세대에서 우리를 건지시려고 우리 죄를 대속하기 위하여 자기 몸을 십자가에 내어 주셨으니 영광과 찬양을 주님께 올려드립니다. 하나님이 계신 것과 하나님을 찾는 자들에게 상 주시는 자이심을 믿고 예배하는 예배를 받아 주시옵소서.

비록 전염병으로 인하여 흩어져서 영상 앞에서 비대면으로 드리는 예배이지만 마음을 다하고 뜻을 다하고 힘을 다하여 정성껏 드리는 예배가 되게 하시고 저희를 주님의 능력으로 새롭게 하여 주옵소서.

2단계 거리 두기 상황 속에서 방역지침과 안전수칙을 우선하여 준수함과 동시에 세상이 알 수 없는 예배의 기쁨과 찬송의 즐거움, 하나님을 찾아 나오는 벅찬 감동이 있게 하옵소서.

주님! 이 나라를 위하여 기도합니다. 이념과 진영의 논리 속에 백성은 하나가 되지 못하고 정의와 공정은 사라지고 빈익빈 부익부 권력이 지배하는 공평과 평등이 사라진 나라가 되고 있음을 불쌍히 여겨 주시옵소서.

코로나 19 전염병이 창궐하는 어려운 시기에 교회가 감당해야 할 사명을 잘 감당할 수 있도록 저희에게 지혜를 허락하여 주시고 속히 치료제와 백신이 개발될 수 있도록 은혜를 주옵소서. 코로나 19 전염병만 바라보지 말고 전염병 뒤에 역사하시고 섭리

하시는 하나님을 볼 수 있는 영적인 눈을 우리에게 허락하여 주시옵소서.

홍수로 인하여 큰 피해당한 수재민들을 위로해 주시고 아픔을 겪는 자와 함께 아파할 수 있고 슬픔을 겪는 자들과 함께 슬픔을 나눔으로써 선한 사마리아인의 삶을 살아가는 신호등 교회가 되게 하옵소서. 전염병으로 인하여 경제가 너무 어렵고 힘들게 살아가고 있지만 모든 것이 부족하고 없을지라도 하나님으로 인하여 기뻐했던 하박국 선지자처럼 주님 한 분만으로 즐거워하고 기뻐할 수 있는 성도들이 되게 하옵소서. 마지막 날에는 지혜로운 자와 어리석은 자, 충성된 종과 게으른 종, 양과 염소로 구별된다는 것을 깨달아 더욱 근신하여 깨어 기도할 수 있는 성도들이 되게 하시고 하나님의 음성에 청종할 수 있는 듣는 지혜를 우리에게 허락하여 주시옵소서.

생명의 말씀을 전하기 위하여 단위에 세우신 목사님을 기억하시고, 선포하시는 말씀마다 권세를 더하여 주셔서 말씀을 듣는 성도들이 심령에 뜨거움을 경험하게 하시고 새 힘을 얻어 승리의 삶을 살아가도록 다짐하는 복된 시간이 되게 하여 주시옵소서.

교회를 위하여 헌신하는 재직들을 기억하시고 신앙의 선진처럼 어떤 환경에서도 주님 앞에서 받게 될 상급을 바라보고 충성하는 일군들이 되게 하여 주시옵소서. 예수님의 이름으로 기도합니다. 아멘

Prayer 064

2020.09.06 주일 낮 예배

이양모 시무장로

만물의 창조주시며 고아들의 아비가 되어 주신 하나님! 오늘도 택하신 백성들을 불러 모아 예배하게 하심을 감사합니다.

구원의 반석이신 하나님 아버지! 믿는 자들의 소망이시며 연약한 자들의 위로가 되시는 하나님을 찬양합니다. 우리 가운데 역사하실 하나님을 기대하며 나아가오니 마음을 다해 주님을 예배할 때 열납 하여 주옵소서.

한 주간 거룩해야 함에도 세상을 따라 살아갔던 저희들을 용서하여 주옵소서. 세상을 탐하며 주님을 사랑하지 못한 저희들을 용서하여 주옵소서. 또한 코로나 19를 핑계 삼아 기도하지 못하고 영적으로 게을렀던 삶을 용서하여 주옵소서.

우리의 목자 되신 주 하나님! 길 잃고 방황하는 주의 백성들을 기억하여 주옵소서. 코로나로 인해 물질적으로 고통을 당하며 영적으로 침체된 성도들을 기억하사 그들이 주님의 이름으로 새 힘을 얻고 소망을 얻게 하옵소서. 주님만이 참 소망이시며 길이시며 생명이심을 믿습니다.

또한 우리들 어려움 속에서도 실망치 않고 주님을 바라보게 하시고 세포 하나까지 주관하시는 주님께서 간섭하여 주셔서 하루 속히 치료제가 나와서 코로나가 안정이 되어질 수 있도록 함께 하여 주옵소서.

방역을 위해 수고하는 공직자들과 담당자들을 기억하사 그들이 지치지 않게 하시고 잘 대처할 수 있도록 그들의 마음과 육신을 지켜주시고 우리는 방역지침을 준수할 수 있도록 도와 주옵소서.

코로나로 인하여 사업이 무너지고 삶의 영역이 축소되며 제한된 공간으로 인하여 답답해하며 아파하는 이들이 있습니다. 주님께서 친히 그들을 돌보아 주옵소서. 특별히 주님의 성도들에게 시대를 분별하는 영적인 안목도 주시옵소서.

오늘도 은혜를 갈망합니다. 저희들이 드리는 예배가 영상으로 드려지지만 각자 처소에서 드려지는 예배가 성령의 충만한 역사가 있게 하시고 오늘도 목사님 말씀을 전하실 때에 능력의 말씀이 성도들의 마음속에 성령의 불이 임하게 하여 주옵소서. 말씀을 듣는 저희들은 아멘으로 화답하게 하시고 들음으로 인하여 깨달아 한 주간도 말씀에 붙들림 받아 승리에 삶을 살게 하옵소서.

오늘도 우리 가운데 함께하시며 역사하실 예수님의 이름으로 기도드립니다. 아멘!

내게
은혜를
베푸시옵소서

내 하나님이여 내가 이 백성을 위하여
행한 모든 일을 생각하시고 내게 은혜를 베푸시옵소서
느헤미야 5:19

… **Prayer 065**

2020.09.18 금요 영성 치유기도회

김경선 시무권사

선하신 하나님 아버지! 날마다 주시는 신실한 은혜로 이 세상 수많은 사건과 사고, 재난과 재앙의 소식 가운데에도 하나님의 보호하심으로 매 순간 지켜주시니 감사드립니다.

너무나 연약한 인간의 힘으로는 할 수 없는 것이 너무 많음을 느끼고 고백하게 되는 요즘입니다. 선하신 주님의 손으로 이 세상을 인도하여 주시는 하나님의 방법은 선으로 악을 이기는 것임을 기억하게 하시어 악이 강하다는 어리석은 믿음을 버리게 하여 주시옵소서. 하나님의 선하심을 닮아 악을 이기는 강한 믿음을 갖게 하여 주시옵소서.

다윗은 나라가 극도로 어려웠을 때에도 하나님의 법궤를 올바른 장소로 옮기고 온 백성들로 하여금 예배가 살아나게 하였습니다. 나라가 살고, 가정이 살고, 경제와 다음 세대가 살 수 있는 예배가 살아나도록, 이 어려운 현실 상황에서도 기도할 수 있는 성령 충만함을 주셔서 기도의 무릎으로 믿음이 성장될 수 있도록 믿음의 반석 위에 굳건히 세워 주시옵소서. 자기 자신을 부인하고 자기 뜻을 버리고 예수님처럼 십자가를 지고 주님을 따르는 제자의 삶을 잊지 않고 살게 하여 주시옵소서.

사랑의 주님! 코로나 바이러스로 인하여 고통당하는 이 땅의 치유를 위해 기도합니다. 이 땅을 그리스도의 보혈로 덮으사 더 이상의 바이러스가 확산되지 않도록 도와주시고, 치료 백신 개발의 완벽한 마무리와 보급의 지혜를 주셔서 모든 감염자들이 치유되고 예방될 수 있기를 소망합니다. 우리가 최선을 다하지만 이 모든 일의 해결

이 오직 주의 간섭하심에 있음을 알고 믿기에 기도합니다. 도와주시옵소서.

다음 세대를 사랑하시는 주님! 점점 악하고 어렵고 힘든 세상 가운데 우리 다음 세대들에게 분별의 영을 부어 주시옵소서. 하나님의 선하시고 기뻐하시고 온전한 뜻이 무엇인지를 분별하여 하나님의 빛된 자녀로 살게 하여 주시옵소서. 다윗과 요나단 같은 믿음의 사람들이 끊이지 않게 붙여 주셔서 외롭게 주님의 길을 가지 않도록 하시며, 주님의 예배자로, 하나님 기뻐하시는 기도꾼으로, 영적인 자녀들로 인도하여 주시옵소서. 그리하여 주님께서 일하실 때에 사람이 없다 하지 마시고 우리의 자녀들을 크게 사용하여 주시옵소서.

주님보다, 또 말씀보다 앞서지 않고 겸손함으로, 온유함으로 주님 뒤에서 하나님의 능력을 믿고 주님의 인도하심에 따라 순종하는 믿음으로 기도하는 자녀들로 인도하여 주시옵소서.

예수님의 마음을 가진 자로 자신을 작게 보는 겸손한 마음으로 자신보다 이웃을 생각하며 하나님께 겸손하게 기도하는 이 밤이 되길 원합니다.

소소한 일상이 행복임을 더 알게 하시는 요즘, 작은 일에도 기뻐하고 감사하는 선한 사람으로 인도하시옵소서.

말씀 전하시는 주의 종에게 성령의 충만한 능력을 부어주실 줄 믿사오며, 예수님의 이름으로 기도드립니다. 아멘!

Prayer 066

2020.09.20 주일 낮 예배

한재석 시무장로

하나님의 은혜가 아니면 한 순간에도 넘어질 수밖에 없는 연약한 저희들에게 한줄기 빛으로 오셔서 저희를 하나님의 자녀로 삼아주신 주님, 이 시간 구별하여 정하신 거룩한 주님의 날, 주님 앞에 나아와 찬양과 경배, 감사의 예배를 드릴 수 있도록 인도하시오니 감사합니다.

그러나 한 주간의 우리의 모습은 한 번도 경험해 보지 못하던 코로나 19 바이러스 전염병으로 말미암아 근심과 걱정, 염려와 망설임 속에서 움츠리며 소극적으로 살아왔음을 고백합니다. 믿지 않는 세상 사람들의 따가운 시선 속에서도 좌로나 우로 치우치지 아니하고 오직 믿음의 주요 온전케 하신 이인 예수만 바라보며 우리의 믿음을 굳건하게 세워갈 수 있도록 우리의 허물과 죄악을 용서하여 주시고 정결케 씻겨 주시옵소서.

은혜로우신 주님! 오늘은 최소인원의 비대면 영상예배에서 현장예배와 비대면 예배가 동시에 진행되는 주일입니다. 우리의 육신이 교회 안에서 예배드리던지, 가정에서 비대면 영상예배로 드리던지 우리의 심령은 항상 주의 성전에 있게 하여 주시고, 기쁘고 즐거운 마음으로 찬양하며 기도하고 주님의 음성에만 귀 기울이는 귀한 예배가 될 수 있도록 정성을 다하여 드려 지는 예배가 되기를 원합니다.

은혜로우신 주님! 이 나라 이 민족이 코로나 전염병으로 인해 고통 중에 있는 이때에 우리의 모습을 돌아보게 하여 주시옵소서. 하나님께 귀하게 쓰임 받은 이스라엘의 지도자 다윗도 하나님이 원하지 않는 인구조사를 실시함으로 하나님의 진노가 이스라엘에 임하여 전염병이 발병되어 칠만 명의 백성의 목숨을 잃어버렸고, 다윗이 회개하고 오르난 타작마당에서 여호와를 위하여 번제단을 쌓고 번제와 화목제를 드릴 때에 번제단에 하나님의 불이 임하여서 이스라엘에 내렸던 전염병을 그친 것처럼 이 나라 이 민족의 지도자와 위정자들, 모든 국민이 죄악된 삶 속에서 떠나 하나님 품으로, 십자가의 도를 기억하고 예수님 품으로 돌아오는 역사가 있게 하여 주시옵소서.

사랑하는 주의 성도들의 심령에도 성령의 불이 임하여 힘들고 어려운 환경 속에서도 믿음 흔들리지 아니하고 오직 주님 안에 거하는 성도들이 되게 하여 주시옵소서.

다시 한번 이 땅에 성령의 불길이 타올라 하나님의 거룩하신 사역들을 감당하는 민족, 세계와 열방 속에 주님의 선민으로 세움 받게 하여 주시옵소서.

자비롭고 인애하신 주님! 이 시간 몸 된 제단에 속한 주님의 자녀들을 돌보아 주시기를 원합니다. 육신의 질병으로 병원에 입원 중인 환우와 통원 치료하며 힘들고 고통 중에 있는 성도들에게 치유의 역사로 임하여 주시고 그들의 가정을 돌보아 주옵소서. 물질의 어려움과 여러 가지 삶의 문제 속에 살아가는 성도들에게 문제 해결의 은혜를 주셔서 언제나 주 안에서 평안케 하는 축복이 있게 하여 주시고 다음 세대의 주인공인 유치부, 아동부, 중고등부, 청년들에게 함께하여 주시사 믿음을 굳게 하고 주님만 따르는 자녀로 인도하여 주시옵소서.

무엇보다 수능을 준비하고 있는 고3 친구들에게 하나님의 위로와 평안 속에 자신의 꿈을 주 안에서 이루어갈 수 있도록 그 길을 인도하여 주시옵소서.

오늘도 하나님의 귀한 말씀을 선포하시기 위해 단 위에 서신 목사님에게 주의 성령이 함께하여 주시옵소서. 성도들로 가득찬 성전에서 찬양과 감사가 가득찬 예배로 하나님이 받으시기에 합당한 예배로 올려드릴 수 있도록 그 입술을 주장하시사 성령의 능력과 말씀의 능력을 칠배나 더하여 주시고 온전히 하나님의 말씀만이 선포되어 우리의 심령에 새기는 귀하고 복된 말씀이 되게하여 주시옵소서. 올해 남은 목회의 일정도 하나님 은혜 안에서 잘 진행될 수 있도록 형통한 길로 인도하여 주시옵소서.

이 시간 예배를 돕는 귀한 손길들이 있습니다. 각종 악기로 반주를 담당하며 찬양과 영상, 음향, 차량과 주차, 꽃꽂이 등 이름 없이 빛도 없이 섬기는 모든 손길 위에 하나님의 은혜를 더하여 주시옵소서. 이 시간 오직 주의 음성에만 집중하여 말씀에 은혜받는 귀한 시간이 되게하여 주시옵소서.
예수님의 이름으로 기도합니다. 아멘!

곧 그리스도
예수의
마음이니

너희 안에 이 마음을 품으라
곧 그리스도 예수의 마음이니
빌립보서 2:5

Prayer 067

2020.09.20 금요 영성 치유기도회
김갑순 시무권사

    인자하심이 영원하신 하나님 아버지! 진심으로 감사드립니다. 저희들의 심령이 코로나로 인하여 갈급한 심령이 되었습니다. 하나님을 더욱 사모하게 되었습니다. 성전을 더욱 사랑하게 되었고 예배드리는 것이 얼마나 복된 일인지를 깨닫게 하여 주셨습니다. 하나님, 이럴 때일수록 우리 신호등 교회 성도들이 더욱 하나님을 찾고 하나님 안에서 자신들의 믿음을 되돌아볼 수 있게 하여 주시옵소서. 그동안의 안일한 신앙생활을 용서하여 주시고 이제부터 새 사람이 될 수 있도록 도와주시옵소서.

    비록 영상예배와 현장예배를 병행하여 드리지만 저희들 중심만을 보시는 하나님 아버지께서 이 예배를 받아주실 줄 믿고 감사드립니다. 하나님께서는 저희들에게 '복을 주시기를 원하시고, 지켜 주시기를 원하시며, 은혜 주시기를 원하시고, 평강 주시기를 원하신다' 하셨습니다. 저희들의 믿음을 굳세게 하여 주셔서 하나님께서 저희들에게 주시고자 하는 이 많은 복들을 다 받아 누릴 수 있는 저희들의 믿음이 되게 하여 주시옵소서.

    한 사람, 한 사람의 믿음이 성장하여 다음 세대를 살릴 수 있음을 알게 하시고, 저희 부모 세대들은 본이 되는 믿음을 갖게 하시고, 우리 청년들은 어른들의 믿음을 잘 이어받아 하나님께서 원하시는 신호등 교회가 세워질 수 있도록 우리 온 성도들에게 믿음을 주시옵소서.

    담임목사님을 위하여 기도드립니다. 한 번도 드려보지 못한 예배를 인도하시느라 영육이 피곤하실 텐데 아버지께서 지혜와 능력을 주셔서 모든 성도들을 푸른 초장으로 잘 인도하실 수 있는 은혜를 내리어 주시옵소서. 목사님 가정과 자녀들을 평안으로 이끌어 주시옵소서.

부목사님과 세 분의 전도사님께도 하나님의 은혜로 담임목사님을 도와 신호등 교회 다음 세대를 잘 양육하실 수 있는 능력을 주시옵소서.

하나님! 우리나라를 불쌍히 여겨 주시옵소서. 하나님이 보시기에 한 숨 지으실 것 같은 이 상황 속에서 그래도 깨어 기도하는 성도들의 기도 소리를 들으시고 이 나라를 어둠에서 하루속히 건져 주시옵소서. 믿음의 사람들이 하나님께 시선을 두고 하나님께서 지금 우리에게 무엇을 원하시는지를 깨닫고 하나님 자녀답게 세상의 빛과 소금으로 살아갈 수 있는 강함과 담대함을 주시옵소서.

이제 말씀을 듣습니다. 이 시간 말씀을 전하시는 전도사님께 성령님이 역사하시어 살아있는 말씀을 전하게 하시고 듣는 저희들은 하나님을 더 깊이 알아갈 수 있는 시간이 되게 하여 주실 것을 믿사오며, 사랑 많으신 예수님의 이름으로 기도드렸습니다. 아멘!

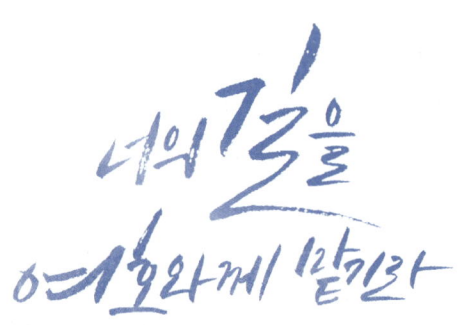

Prayer 068

2020.10.02 주일 낮 예배

이양모 시무장로

　사랑과 은혜가 풍성하신 하나님 아버지! 지난 한 주간도 주님의 은혜 가운데 지켜 주시고 인도하여 주심을 진심으로 감사를 드립니다.

　올해는 코로나 19의 확산으로 인하여 어려움과 걱정 속에서도 저희들을 하나님의 은혜로 함께하여 주심에 감사드립니다. 우리의 위로자가 되시는 주님, 코로나 19로 인하여 오늘도 현장예배와 영상예배로 드리는 성도들이 있습니다. 비록 영상으로 올려드리는 예배지만 각 가정의 예배 처소에서 온 가족이 함께 모여 예배하게 하심을 감사드립니다.

　하지만 현장예배를 드리지 못하는 시간이 길어짐으로 인하여 우리의 신앙이 나태해질까 심히 두렵습니다. 성도들 어느 한 사람도 이 기간 동안에 영적인 침체기를 겪거나 신앙의 대열에서 이탈되는 일이 없도록 붙들어 주시옵소서. 이 시간 우리를 하나님의 영으로 충만케 하사 마음에 쌓인 불안함과 걱정 잡다한 생각들을 모두 걷어 내게 하시고 주님의 말씀만 귀 기울일 수 있도록 우리의 마음을 붙들어 주옵소서.

　자비하신 하나님 아버지! 코로나 19가 발생한 이후로 어느덧 100만 명이 넘는 사망자가 발생하여 온 세계가 불안과 공포에 떨고 있습니다. 쉽사리 잡히지 않는 질병의 확산을 멈춰 주셔서 더 이상은 희생자가 발생하지 않게 하시고 환자에게는 적절한 치료를 통하여 건강을 회복시켜 주옵소서. 치료와 방역에 힘쓰고 있는 의료진과 공무원들이 지치지 않게 하시고 하루 속히 좋은 치료제와 예방 백신이 개발되어서 많은 사람들이 치유되고 회복될 수 있도록 자비와 긍휼을 베풀어 주옵소서.

아버지 하나님! 이 나라에는 장기간에 걸친 불황과 코로나 19로 인하여 경제적인 어려움이 가중되고 있습니다. 우리를 긍휼히 여기시고 코로나 19를 조기에 종식시켜 주셔서 어려운 경제 상황이 호전되게 하시고 하루속히 성도들의 삶이 회복되고 내일을 소망할 수 있게 하옵소서. 절망적인 생각들을 긍정적인 생각으로 바꾸어 주시고 희망의 의지를 다져 나갈 수 있도록 도와주옵소서.

만물을 새롭게 하시는 하나님! 한국 교회를 위하여 기도합니다. 언제나 세상을 앞서서 인도해 왔던 교회가 그 거룩함을 상실하고 세상적인 가치와 기준에 휩쓸려 버렸습니다. 그리하여 이제는 세상으로부터 비웃음과 비난받는 처지가 되고, 이웃을 향하여 세상 속으로 들어가기보다는 교회 속으로 움추러 들었습니다. 그 결과 많은 사람들이 교회에 실망하고 교회를 떠나고 있습니다. 이번 기회를 통하여 하나님의 본질이 회복되게 하옵소서. 교회가 더욱더 낮은 자세로 세상 사람들을 향하여 겸손하게 하옵소서.

아버지 하나님! 오늘은 예수님의 살과 피를 나누는 귀한 성찬예식이 있습니다. 저희들이 정결된 마음으로 임하게 하시고 주님의 살과 피로 인하여 우리들이 영성이 회복되게 하옵소서.

오늘도 귀한 시간 말씀을 전하시는 목사님 말씀의 능력과 성령의 충만한 역사가 있게 하시고 듣는 저희들은 들음으로 인하여 깨닫는 은혜를 허락하여 주시옵소서. 오늘도 주의 전을 섬기는 주의 일꾼들에게 복을 더하여 주시옵소서.

우리를 죄에서 구원하신 예수님의 이름으로 기도를 드립니다. 아멘!

Prayer 069

2020.10.18 주일 낮 예배

한재석 시무장로

'여호와께 감사하라 그는 선하시며 그 인자하심이 영원함이로다' 아멘!

은혜가 풍성하신 하나님 아버지! 주께서 구별하여 세우신 주님의 날 내 주 아버지 하나님을 찬양하며 경배하기 위해 주님의 자녀로 구별하여 택함을 받은 주의 백성들을 이 시간 예배자로 세우셔서 주님 성전에 올라와 하나님을 경배하며 예배하게 하시오니 감사합니다.

우리를 힘들게 하는 세상의 고된 삶은 우리에게 희망보다는 고통과 좌절을 안겨주고 희망 없는 삶을 살게 하고 있습니다. 그러나 언제나 내편이 되어 주시고 나를 돕는 자들 중에 계시면서 우리를 미워하고 힘들게 하는 자를 보응하시는 하나님을 믿는다고 고백하면서도 세상 즐거움을 더 쫓아 살아가며 현실에 안주하고 살아왔던 우리의 연약한 믿음을 이 시간 고백하오니 성령의 불로 태워 정결케 하여 주시옵소서. 우리의 심령을 깨끗하게 하여 주시옵소서.

은혜로우신 주님! 지금 이 나라 이 민족이 우리의 능력과 찬송이시오 구원자 되신 하나님을 믿고 의지하는 민족이 되길 원합니다. 올 초 시작된 코로나 19로 인해 모두가 힘들고 어려운 이때에 오직 주님만이 길이요 생명이요 구원이 되신 것을 믿고 의지하는 민족이 되게 하여 주시옵소서. 특히 위정자들은 이 시기를 이용하여 자기의 유익을 구하기보다는 하나님의 뜻을 헤아리고 순종하는 마음으로 국가와 국민을 위한 바른 정치를 할 수 있도록 그 심령을 붙들어 주시옵소서.

이 시간 주께서 세워주신 교회를 위해 기도합니다. 주의 말씀에 '세상에서 너희가 환란을 당하나 담대하라 내가 세상을 이기었노라' 말씀하여 주신 것처럼 코로나 19로 인해 위축되고 힘들고 어려운 시간을 보내는 주의 성도들에게 굳건한 믿음을 더하여 주시옵소서. 오직 굳건한 믿음으로 삶의 모든 문제가 하나님의 은혜로 회복되게 하여 주시옵소서.

은혜로우신 주님! 저희 교회가 하나님이 기뻐하시는 일에 관심을 갖고 온 성도가 한 마음 한 뜻으로 협력하여 세워가는 교회가 되게 하여 주시옵소서. 다음 세대의 주인공인 유치부, 아동부, 중고등부, 청년들에게 하나님의 은혜가 더하여 주시기를 기도합니다. 모든 일상이 무너지고 온라인 비대면 수업과 병행하면서 힘든 시간을 보내고 있는 친구들이 오직 예배 중심적인 삶을 통하여 하나님을 만나고 믿고 의지하며 살아갈 수 있도록 인도하여 주시옵소서.

특히 고3 친구들을 기억하여 주시사 수시와 정시 준비로 힘겨운 시간을 보내고 있사오니 지혜와 명철을 더하여 주시고 강건하게 세워주셔서 주 안에서 그 꿈을 이뤄갈 수 있도록 그 길을 형통하게 인도하여 주시옵소서.

이 시간 주님의 음성을 듣기를 원합니다. 언제나 하나님의 음성을 전하시는 목사님, 영과 육을 강건하게 세워 주시옵소서. 이 시간 기도하며 준비된 하나님의 말씀, 일점일획 변함없는 하나님의 말씀을 이 시대에 요구하시는 하나님의 음성으로 선포하실 때에 강력한 주의 성령의 임재를 맛보는 귀한 시간이 되게 하여 주시옵소서. 코로나 19로 인해 지치고 힘든 시간이지만 끝까지 목회의 방향을 잡고 잘 감당하실 수 있도록 형통하게 인도하여 주시옵소서.

이 시간 예배를 돕는 귀한 손길들이 있습니다. 이름 없이 빛도 없이 곳곳에서 예배를 돕는 모든 손길 위에 하나님의 은혜를 더하여 주시옵소서. 이 시간 허락하신 말씀이 우리의 삶을 주장할 수 있도록 주의 음성에만 집중하여 말씀에 은혜받는 귀한 시간이 되길 원하오며, 예수님의 이름으로 기도합니다. 아멘!

Prayer 070

2020.10.21 수요기도회
차순종 서리집사

　죄로 인해 죽을 수밖에 없는 저희를 예수님의 십자기 보혈로 깨끗하게 하여 주셔서 이 구별된 자리에 있게 해 주심을 감사합니다. 인생 살다 보면 건강에 연약할 부분이 있거나 물질의 고통 중에 있어 하나님이 안 보이고 믿겨지지 않을 때로 있었음을 고백합니다. 그러나 언제나 우리와 함께 하시고 지켜 보호해 주시는 하나님 감사합니다. 코로나 바이러스 때문에 믿음이 연약해져 하나님 아버지 마음을 아프게 해 드리지는 않았는지, 알게 모르게 지은 죄를 용서하여 주시옵소서.

　고통 중에 있는 하나님 백성을 착하고 선한 길로 인도해 주시옵소서. 교회 안에 질서가 무너지지 않고 다시 뜨거운 열정으로 하나님과 이웃을 사랑할 수 있도록 은혜를 더하여 주시옵소서. 기관 기관마다 시대에 따라 요동하지 않으며, 예수의 향기와 빛, 소금 역할을 잘 감당케 하여 주시옵소서.

　노년이신 원로목사님 내외분과 가족을 지켜주시옵소서. 여러 곳에 선교지에서 영혼사랑의 힘쓰고 계신 많은 선교사님들을 힘주시고 건강 지켜 주시옵소서. 담임목사님 영적 리더 하심에 방해 세력들을 예수 이름으로 다 물리쳐 주시옵소서. 말씀에 능력을 더하셔서 듣는 우리 모두가 영적 육적으로 강건함을 입게 하여 주시옵소서.

　예배드릴 수 있는 시간과 건강, 환경을 주신 하나님께 감사합니다. 우리 신호등 교회가 사랑이 넘치는 교회 되게 하여 주시옵소서. 잘못 구한 것 용서하여 주시옵소서. 이 모든 간구, 예수님 이름으로 기도합니다. 아멘!

Prayer 071

2020.11.04 수요기도회

함희정 서리집사

거룩하시고 존귀하신 하나님 아버지! 지난 3일 동안에도 저희를 주님의 사랑과 은혜와 보호 속에서 살게 하시고, 다시 이 시간 주님의 거룩하신 성전에 나와 기도하게 하시니 그 사랑과 은혜에 감사와 영광을 드립니다.

하나님의 자녀로서 구별된 삶을 살지 못하고 세상과 적당히 타협하며 살다가 이 예배의 자리에 나온 저희들을 외면하지 않으시는 하나님 아버지! 저희들의 모든 죄를 내려놓으니 용서하여 주시옵소서.

하나님! 나라와 민족을 위해 기도합니다. 지금 세계는 코로나 바이러스와 그로 인한 경제적 어려움에서 벗어나고자 총력을 다하고 있습니다. 곧 회복될 것 같은 희망과 끊임없이 발생하는 절망 속에서 점점 지쳐가고 있습니다. 하루속히 코로나 바이러스를 소멸시켜 주시어 건강한 일상을 찾을 수 있도록 도와주시고 예배가 회복되어 평안을 누리게 하여 주시옵소서.

자라나는 다음 세대를 기억하사 침체와 위기 중에도 어린 생명들이 믿음에서 멀어지지 않도록 그들의 영혼을 붙들어 주시옵소서. 이에 수고하시는 교역자와 교사들이 그 영혼들을 잘 품을 수 있도록 사랑과 지혜로 함께 하여 주시옵소서.

하나님! 원하지 않는 질병으로 고통받는 환우들이 있습니다. 모든 질병과 고통을 십자가의 보혈로 깨끗하게 하여 주시고 십자가의 소망을 바라보게 하옵소서.

주님의 몸 된 교회를 위하여 수고하시는 목사님들과 전도사님들에게 은혜와 진리로 충만케 하여 주시옵소서. 이제 예배의 시작 시간입니다. 단 위에 세우신 목사님을 붙들어 주셔서 하나님의 말씀을 선포하실 때마다 저희에게 충만한 은혜를 내려 주시옵소서. 이 시간 저희의 기도를 받아 주사 흠향하여 주시기를 구하오며, 거룩하신 예수 그리스도의 이름으로 기도드렸습니다. 아멘!

생명과 의와 영광을 얻느니라

의와 인자를 따라 구하는 자는
생명과 의와 영광을 얻느니라

잠언 21:21

Prayer 072

2020.11.08 주일 낮 예배

이양모 시무장로

　우리의 기쁨과 소망되시는 하나님 아버지! 오늘 거룩한 주일, 주의 전에 모이게 하시고 주님 앞에서 하나님을 찬양하며 경배하게 하시매 감사함을 드립니다. 저희들이 드리는 예배가 감사와 기쁨으로 드리는 예배되게 하시고 마음과 뜻을 다하고 힘을 다하여 오직 하나님께만 영광 돌리는 예배가 되게 하여 주옵소서.

　주님께서는 십자가에 죽기까지 저희 들을 사랑하시고 죄에서 구원해 주셨으나 지난 한 주간의 삶을 돌이켜 보면 연약한 믿음으로 인하여 마음과 행동으로 하나님의 영광을 가리며 살았음을 고백합니다.

　또한, 지금까지 지내온 것이 다 하나님의 은혜인데도 스스로 선 것처럼 교만하며 살았습니다. 미련한 저희들의 더러운 죄를 용서하여 주옵시고 무지한 위선적인 삶에서 벗어나 세상 것 바라보지 아니하고 오직 믿음의 주요 온전케 하시는 주님만 바라보며 의지하며 살게 하여 주옵소서.

　아버지 하나님! 지금 이 나라는 장기간에 걸친 불황과 코로나 19로 인하여 경제적인 어려움이 가중되고 있습니다. 우리를 긍휼히 여기시고 불쌍히 여기사 코로나 19를 조기에 종식시켜 주셔서 어려운 경제 상황이 호전되게 하시고 하루속히 성도들의 삶이 안정되고 회복되어 내일을 소망할 수 있게 하여 주옵소서. 절망적인 생각을 긍정적인 생각으로 바꿔 주시고 희망의 의지를 다져나갈 수 있도록 도와주시옵소서.

　하나님 아버지! 우리 교회 수험생들을 기억하여 주옵소서. 지금까지 열심히 기도로 준비하며 공부를 했사오니 준비한 대로 좋은 결과가 있게 하시고 원하는 대학에 진학할 수 있도록 성령께서 붙들어 주옵소서.

아버지 하나님! 담임 목사님을 붙들어 주옵소서. 늘 영과 육을 강건케 하시고 이 어려운 시기에 계획하고 준비한 모든 목회 일정들을 붙들어 주셔서 잘 진행될 수 있도록 함께 하여 주옵소서. 귀한 시간 말씀을 듣고 전하실 때에 말씀에 능력이 있게 하시고 듣는 저희들은 들을 수 있는 귀가 되게 하셔서 성령의 충만한 은혜를 체험하게 하옵소서.

항상 우리와 함께 동행하시는 우리 주 예수 그리스도의 이름으로 기도합니다. 아멘!

구원이 처음 믿을 때보다 가까워 왔음이니라

또한 너희가 이 시기를 알거니와 자다가
깰 때가 벌써 되었으니 이는 이제
우리의 구원이 처음 믿을 때보다 가까웠음이니라
로마서 13:11

Prayer 073

2020.11.11 수요기도회

궁인숙 서리집사

거룩하시고 자비로우신 하나님 아버지! 찬양과 경배를 받으시옵소서.

오늘도 하나님의 신실하심으로 이 은혜의 자리에 나오게 하심을 감사드립니다. 십자가의 은혜가 절대적으로 필요한 이때에 저희 죄인들을 긍휼히 여겨 주시옵소서. 연약한 모습 그대로도 사랑하시는 하나님의 은혜에 감사드립니다. 주의 날개 아래 거하게 하시며, 주의 임재하심을 경청하는 은혜로운 예배가 되도록 역사하여 주시옵소서. 성령으로 충만한 예배가 되게 하여 주시옵소서.

하나님의 자녀로 구별된 삶을 살지 못하고 세상 것들과 적당히 타협하며 살다가 이 자리에 나온 저희들을 외면치 않으시는 하나님의 은혜로 깊은 예배 가운데로 나아갈 수 있도록 마음을 합하여 주시고, 감사함으로 주께 찬양드리게 하옵소서.

하나님! 나라와 민족을 위해 기도합니다. 지금 세계는 코로나 바이러스와 그로 인한 경제적 어려움으로 모든 사람들이 다 지쳐가고 있습니다. 오직 하나님만이 저희의 소망이십니다. 하루속히 코로나 바이러스를 소멸시켜 주시어 건강한 일상을 찾을 수 있게 은혜 내려 주시옵소서.

신호등 교회를 위하여 기도합니다. 세상 어떤 상황 속에서도 흔들리지 않고 중심을 잡아 오직 하나님을 향하여 교회의 본질을 지켜나가게 하옵소서. 모든 염려와 불안을 기도로 바꿀 수 있는 성령 충만한 교회가 되게 하시고 예배실이 기도와 찬양이 끊이지 않게 하옵소서.

하나님! 질병으로 고통받는 환우들과 경제적 어려움을 겪고 있는 교우들을 위해 기도합니다. 먼저 나약한 몸과 마음을 담대히 하여 주시고, 매 순간 하나님의 존재를 기억하며 하나님의 능력을 믿으며 더욱 기도에 힘쓰게 하옵소서. 모든 질별과 고통을 십자가의 보혈로 깨끗이 하여 주시고 물질의 어려움도 하나님이 능력으로 극복하게 하여 주옵소서.

신철호 목사님을 위하여 기도합니다. 영육 간의 강건함을 주시고 더욱 은혜와 사랑으로 저희 어린양들을 이끌어 나갈 수 있는 지혜를 내려 주시옵소서. 부목사님과 세 분 전도사님도 같은 은혜를 부어 주시옵소서.

이 시간 주시는 말씀에 저희가 듣는 귀가 있게 하시고 그 말씀에 순종하는 믿음의 자녀 되게 하옵소서. 이 모든 말씀 우리 주 예수 그리스도의 이름으로 기도합니다. 아멘!

그가 먼저 우리를 사랑하셨음이라

우리가 사랑함은 그가 먼저 우리를
사랑하셨음이라

요한1서 4:19

Prayer 074

2020.11.20 금요 영성 치유기도회

인치길 시무권사

언제나 변함없는 사랑으로 인도해 주시는 하나님! 감사합니다. 혼란스러운 환경 속에서 믿음의 지체로 하나님 아버지를 섬기며 성전에 나아와 예배드림이 얼마나 영광스러운지요. 온전히 예배드릴 수 있는 그 날이 오기를 간절히 기도하며 원합니다.

오늘도 심야기도회에 나와서 찬양과 기도와 말씀으로 무장하게 해 주심을 감사드립니다. 받은 달란트를 잘 감당하도록 도와주옵소서. 코로나 19로 인하여 대면 예배가 순조롭지 못하여 믿음이 연약해지지 않도록 영적으로 더욱 힘쓰며 늘 깨어 기도하고 묵상하는 삶이 되도록 성령님, 도우시고 은혜를 체험하는 시간들이 날마다 나타나게 인도하여 주옵소서.

코로나 19 확진자가 급증하여 사회생활하는데 제약도 많고 마음이 두렵고 불편함에 짜증도 나지만 기본 질서를 잘 지키고 조심하면서 우울하지 않은 일상을 영위하도록 저희들에게 지혜를 주셔서 기도와 말씀으로 단단히 서고 이 위기를 극복해 나가며, 백신이 나오는 그 날까지 성령님 함께하여 주옵소서. 승리하는 그 날이 오기를 간절히 원합니다. 마음 놓고 일할 수 있는 날이 속히 오기를 원합니다.

신호등 교회를 이끄시는 담임목사님, 하나님께서 언제나 항상 함께하셔서 목회 사역에 조금도 틈이 없게 하시며 늘 충만한 삶이 되도록 성령님 인도해 주옵소서. 부목사님과 세 분의 전도사님께도 주님께서 늘 동행하시고 함께 하셔서 맡은 사역이 순조롭게 진행되도록 인도하여 주옵소서.

미래세대들이 이 어려운 환경을 헤치고 나아갈 수 있는 지혜와 명철을 주시고, 더 좋은 일들로 채워지도록 주님 인도하셔서 그들이 실망하지 않고 이기며 승리하는 삶을 체험하여서 굳건히 일어설 수 있도록 축복해 주옵소서. 늘 하나님께 나아가 기도하게 하시고, 말씀 속에서 용기와 희망을 얻어 좋은 열매가 맺어지도록 주님 도와주옵소서.

수능을 앞둔 수험생들, 지금까지 열심을 다하여 공부해 온 것을 잘 정리하여서 계획했던 대로 좋은 결과가 있도록 주님께서 인도해 주옵소서. 신호등 교회에 속한 어린이부터 노년에 이르기까지 주님 항상 지켜주셔서 참 그리스도인으로 늘 은혜가 충만한 삶이 되도록 축복해 주옵소서. 성도님들 가정마다 필요한 만나로 채워주시며 풍성하게 하여 주옵소서. 흔들어 넘치게 하여 주옵소서.

전도사님 말씀 전하실 때 성령님 인도하시고 아멘으로 화답하는 귀한 시간 되게 은혜를 더하여 주옵소서. 귀한 복된 발걸음이 되게 하옵소서. 이 시간 주님을 사모하며 기도의 제목을 가지고 나왔습니다. 귀한 은혜의 시간이 되도록 인도해 주시고 성령 충만하게 하옵소서. 예수님 이름으로 기도드립니다. 아멘!

강하고 담대하라

강하고 담대하라 여호와를 바라는 너희들아
시편 31:24

Prayer 075

2020.11.22 주일 낮 예배

한재석 시무장로

'그러므로 우리가 여호와를 알자 힘써 여호와를 알자 그의 나타내심은 새벽 빛 같이 어김없나니 비와 같이, 땅을 적시는 늦은 비와 같이 우리에게 임하시리라' 아멘!

황금 들녘에 풍성하게 자라던 곡식과 과일이 한해의 결실로 우리에게 기쁨으로 찾아왔던 추수감사절이 지난 한 주간의 삶 속에서도 여전히 저희들을 사랑하여 주시는 하나님, 이 시간도 구별하여 세우신 거룩하고 복된 주님의 날, 주님 성전으로 인도하여 예배자로 세워 거룩한 주일을 지키게 하시오니 감사합니다.

말로 다 형용할 수 없는 하나님의 은혜 안에 살아가는 인생이지만 우리는 우리의 현실 속에 빠져 하나님을 원망하고 자신의 삶을 후회하면서 다른 사람과 비교하며 스스로 우리의 모습에서 하나님의 은혜를 잊어버리려고 했던 어리석은 삶을 살아왔음을 이 시간 고백합니다. 모든 것이 하나님의 은혜가 아니면 한 순간도 살아갈 수 없는 연약한 인생임을 알면서도 그 원망을 하나님께로 돌리려 했던 믿음 없이 행동했던 우리의 연약한 모습을 이 시간 회개하며 고백하오니 우리의 허물을 용서하여 주시옵소서. 말씀과 성령으로 거듭나 하나님의 일꾼으로 세워 주시옵소서.

은혜로우신 하나님! 지금 이 땅에는 많은 사람들이 장기간 발생되고 있는 코로나 19 바이러스로 인해 힘들고 어려운 시간을 보내고 있습니다. 이 사태를 통해 우리의 모습을 뒤돌아보는 민족이 되길 원합니다. 좀 더 성결하게 좀 더 거룩하게 살아갈 수 있도록 우리의 믿음을 세워 주시고, 정답이 무엇인지 알면서도 인간적인 생각으로 이 방법, 저 방법으로 이 사태가 진정되기를 바라지만 오직 하나님만이 이 문제를 완전히 해결해 주실 분임을 믿고 믿음으로 나아가는 민족이 되게 하여 주시옵소서. 세우신 위정자들이 창조주 하나님의 순리에 순응하는 정치를 할 수 있도록 인도하여 주시옵소서.

하나님 아버지! 이 시간 주의 교회를 위해 기도합니다. 주에 은혜로 세우신 저희 교회가 이 지역사회에 믿음의 뿌리를 깊이 내려 하나님의 사랑을 실천하는 교회가 되길 원합니다. 교우와 교우 간에 깊은 관심과 사랑, 배려가 넘치는 은혜로운 교회가 되길 원합니다. 힘들고 어려운 시대를 같이 보내는 성도들 간에 서로가 힘이 되어 주고, 함께 기도하며 세워주는 은혜로운 교회로 인도하여 주시옵소서.

육신의 고통과 질병으로 인해 고통 중에 있는 성도들과 함께 아파하고 기도하며 하나님의 치유의 은혜를 맞보고, 함께 즐거워하며 감사하는 은혜가 넘치는 교회가 되게 하여 주시옵소서.

은혜로우신 주님! 우리의 교육부 친구들을 인도하여 주시옵소서. 힘든 세대를 살아가는 우리 학생들이 오직 하나님 중심, 말씀 중심, 교회 중심의 삶을 통해 믿음을 굳건하게 세워 주시고 모두가 힘든 이 시기를 지혜롭게 이겨나갈 수 있도록 인도하여 주시옵소서.

우리 고3 친구들, 수능일이 다가오고 있습니다. 남은 시간 열심히 준비하여서 소망하는 학교에 진학하여 그 꿈을 주 안에서 이뤄갈 수 있도록 강건하게 세워 주시고 형통한 길로 인도하여 주시옵소서.

이 시간 주님의 음성을 듣기를 원합니다. 오늘도 예정된 하나님의 음성을 전하시기 위해 한 주간 기도하며 준비하신 하나님의 말씀을 선포하실 때에 먼저 담임 목사님의 영과 육을 강건하게 세워 주시고 그 입술에 성령의 능력을 더하여 주시사 오직 주님의 음성만이 증거되는 귀한 시간이 되게 하여 주시옵소서. 그 말씀이 선포될 때에 이 시대에 요구하시는 하나님의 음성으로 받을 수 있도록 성령의 강력한 임재를 맛보는 귀한 시간이 되게 하여 주시옵소서.

올해 세우신 목회의 일정이 코로나로 인해 진행이 어렵지만 끝까지 목회의 방향을 잡고 잘 감당하실 수 있도록 인도하여 주시옵소서.

이 시간 예배를 돕는 귀한 손길들이 있습니다. 이름 없이, 빛도 없이 곳곳에서 예배를 돕는 모든 손길 위에 하나님의 위로와 은혜가 넘쳐 감사하는 삶이 되게 하옵소서.

이 시간 허락하신 하나님의 말씀을 마음에 새겨 다시 한 번 주 안에서 꿈꾸는 신호등, 그 꿈을 이루시는 하나님의 말씀으로 믿고 '아멘'하는 복된 삶이 되게 하옵소서. 그 말씀이 우리의 삶 속에서 그리스도의 향기로 드려지기를 원하며, 예수 그리스도의 이름으로 기도합니다. 아멘!

축복하고 저주하지 말라

너희를 핍박하는 자를 축복하라
축복하고 저주하지 말라

로마서 12:14

Prayer 076

2020.11.27 금요 영성 치유기도회
이광복 시무권사

사랑이 많으신 하나님 아버지! 이 저녁에도 거룩한 성전으로 인도하여 주셔서 예배드릴 수 있는 은혜 허락하심을 감사드립니다.

한 순간도 하나님의 은혜가 아니면 살 수 없는 저희들이 주님보다 앞서가며 행하였던 여러 가지 허물을 용서하여 주옵소서.

온 세상이 코로나 19로 인하여 지금껏 한 번도 가보지 않은 상황 속에서 어느 길이 옳은지, 무엇이 맞는지 분별치 못하며 가다가 서기를 반복하는 저희들을 불쌍히 여겨 주옵소서.

우리 교회를 사랑하시는 주님! 당회로부터 어린 영아부에 이르기까지 피난처 되시는 주님 안에서 한 생명도 실족지 않도록 안전하게 보호하여 주옵소서. 담임목사님 영육을 강건하게 붙들어 주옵소서. 기도하시며 계획하시는 목회 일정과 양무리를 목양하시기에 피곤치 않도록 힘과 능력과 지혜를 허락하여 주옵소서. 부목사님과 세 분 전도사님께도 동일한 은혜를 내려 주옵소서.

고3 수험생을 위하여 기도합니다. 지금까지 공부한 것을 잘 표현할 수 있도록 좋은 건강도, 환경도, 날씨도 주관하여 주옵소서. 모두가 좋은 열매로 하나님께 쓰임 받는 청지기들이 되게 하여 주옵소서.

또한 우리 환우들을 위하여 기도합니다. 주님께서 치료하는 광선을 비추어 주셔서 회복시켜 주옵소서. 주님 은혜라 고백하며 건강한 일상을 보낼 수 있게 하여 주옵소서.

이제 세우신 종을 통하여 말씀을 듣겠습니다. 징계의 길목에서 주를 기억하려고 우리 영혼이 사모하나이다. 주님, 임재하셔서 주의 음성을, 주의 숨결을 느낌으로 우리의 믿음이 견고해지는 은혜를 내려 주옵소서. 두려움과 근심에서 벗어나 승리하는 믿음의 용사들이 되게 하여 주옵소서.

믿고 감사드리며 예수님의 이름으로 기도 올리옵나이다. 아멘!

나의
찬송을 부르게
하려함이라

이 백성은 내가 나를 위하여 지었나니
나의 찬송을 부르게 하려 함이니라
이사야 43:21

Prayer 077

2020.11.29 주일 낮 예배

박종철 안수집사

이 땅에 있는 모든 생명을 사랑하시는 하나님! 그 사랑에 감격하여 우리로 하여금 주 앞에 서게 하심을 감사드립니다. 오늘 우리를 주의 제단에 세워 주셨사오니 십자가의 구속의 은총으로 깨끗하게 하실 줄 믿습니다.

사랑이신 하나님! 하나님의 크신 은총 아래 우리의 죄를 자복합니다. 하나님을 믿는 성도라고 하면서도 진실로 그 이름에 합당한 삶을 살지 못했음을 고백합니다. 이제부터는 우리들이 참된 성도의 길을 걸어가게 하옵소서. 주께서 주신 시간과 은사와 모든 힘들을 주를 위해 사용하게 하옵소서. 사랑과 소망과 믿음의 말들과 행동들을 하게 하셔서 공동체에 덕을 끼치게 하옵소서. 그리하여 능력 있게 종으로서의 길을 걷도록 은총을 베풀어 주옵소서.

하나님! 코로나 19로 인하여 어려움과 신음 속에 살아가고 있습니다. 경제와 삶을 잃어버리고 가정과 이웃이 정을 나누지 못하는 시대를 살고 있습니다. 하나님, 도와주옵소서. 이끌어 주옵소서. 오직 주님께 기도합니다. 신앙이 실족되지 않게 하시고 주의 은혜로 마음껏 찬양하며 기도하며 말씀이 증거 되는 그 날이 오길 간구하며 기도드립니다. 은총을 베푸소서.

말씀으로 주님의 백성을 먹이시는 목사님께 하나님의 전신갑주를 입혀주시고 말씀으로 받는 우리들은 회개와 결단이 있게 하옵소서. 전능하신 하나님! 주님께서 가르쳐 주신 바른 길로 행하게 하시고 크신 능력을 덧입혀 주셔서 곤비치 않고 힘 있는 삶이 되게 하소서.

말씀과 기도로 무장하고 주의 복음을 담대히 전하는 전도자들이 되게 하여 주옵소서. 교회를 위하여 수고하시는 일꾼들에게 충성하게 하시며 생명의 면류관을 향하여 성실히 경주하게 하옵소서.

　이 예배를 하나님 기뻐 받아주시고 친히 임재하셔서 영광을 받으소서. 예수님의 이름으로 기도드립니다. 아멘!

너희들은
하나님께
속하였고

자녀들아 너희는 하나님께 속하였고
또 저희를 이기었나니 이는 너희 안에 계신 이가
세상에 있는 이보다 크심이라

요한1서 4:4

Prayer 078

2020.12.13 주일 낮 예배

이양모 시무장로

만물의 주인이 되는 아버지 하나님! 12월 셋째 주일 대림절을 지키며 아기 예수님으로 오실 주님을 기대하며 예배합니다. 죄와 허물로 인하여 죽을 수밖에 없었사오나 우리를 사랑하사 구원해 주시기 위하여 인간의 몸을 입으시고 오신 주님, 주님의 탄생과 재림을 믿으며 감사와 기쁨으로 나아가게 하시고 주님의 십자가의 사랑을 겸손과 섬김으로 이웃과 나누는 저희들 되게 하여 주옵소서.

전능하신 하나님 아버지! 코로나 펜데믹 현상으로 인하여 정치, 경제 모든 상황이 우리를 위축시키고 무너지게 합니다. 코로나 확산이 반복되는 이 상황을 주님의 주권으로 끊어 주시옵소서. 인간이 아무리 노력한다 하였으나 조금 진정되다 또 확산되고 있습니다. 주님의 뜻을 모르는 무지한 저희들, 이 상황이 끝나기만을 간절히 기도합니다. 하루속히 치료제가 준비되어 벗어나게 하여 주셔서 주님의 영광이 머무는 이 성전이 온전히 세워지고 부흥되게 하시옵고, 성전에서의 예배가 회복될 수 있도록 인도하옵소서.

오늘도 주님의 전에서 예배드리지 못하고 영상으로 드리는 성도들을 위로하시고 하루속히 현장예배를 드릴 수 있도록 도와주시옵소서.

말씀으로 저희들을 양육하시고 세워주시는 담임 목사님께 갑절의 영광과 강건함을 주옵소서. 맡기신 사역들을 능력으로 감당케 하시며 새해의 목회 사역들을 잘 계획하고 준비케 하옵소서.

이 시간도 질병으로 고통받는 성도들 치료하여 주시고 물질과 생업, 진로의 어려움으로 힘들어하는 성도들에게 길을 열어 주시어 주님이 주시는 평안과 담대함으로 이겨내게 하시옵소서. 진학과 취업을 준비하는 청년들이 믿음 안에서 꿈을 꾸게 하시고 많은 노력들이 결실을 맺게 하여 주옵소서.

지금도 코로나 19로 인하여 수고하는 방역당국과 공무원들을 붙들어 주시고 노고와 수고가 헛되지 않게 하여 주옵소서.

귀한 시간 말씀을 듣습니다. 전하시는 담임 목사님 말씀 전하실 때 말씀의 능력과 권능을 주셔서 잘 증거케 하여 주시고, 듣는 저희들 들을 수 있는 귀가 되게 하셔서 은혜 받게 하시고 한 주간도 말씀에 붙들림 받아 승리하며 살게 하옵소서.

오늘도 각 처소에서 예배드리는 사랑하는 모든 성도들의 가정이 평안케 하시고 위로부터 주시는 하나님의 은혜를 체험하게 하옵소서.

오늘도 살아서 역사하시며 예배의 주관자가 되시는 예수님의 이름으로 기도합니다. 아멘!

어제나 오늘이나
영원토록 동일하시니라

오직 너희는 원수를 사랑하고 선대하며
아무 것도 바라지 말고 빌리라

누가복음 6:35

Prayer 079

2020.12.25 성탄절 예배
한재석 시무장로

'오늘 다윗의 동네에 너희를 위하여 구주가 나셨으니 곧 그리스도 주시니라 너희가 가서 강보에 싸여 구유에 뉘어 있는 아기를 보리니 이것이 너희에게 표적이니라 하더니 홀연히 수많은 천군이 그 천사들과 함께 하나님을 찬송하여 이르되 지극히 높은 곳에서는 하나님께 영광이요 땅에서는 하나님이 기뻐하신 사람들 중에 평화로다 하니라'

만왕의 왕으로 만유의 주로 홀로 영광을 받으실 우리 주님께서 일류 구원이라는 사명을 감당하시기 위하여 2천여 년 전 이 땅에 오신 예수 그리스도의 탄생을 축하하는 기쁘고 즐거운 성탄을 맞이하게 하여 주시니 참 감사합니다.

낮고 천한 말구유에 오셔서 어둠과 죄악으로 죽을 수밖에 없는 우리 인생들에게 하나님의 구원의 큰 빛을 보며 영원한 소망과 기쁨을 허락하신 하나님의 은혜에 감사하여 이 시간 그 주님을 심령 깊숙이 영접하고 기쁨으로 이 예배에 동참할 수 있도록 인도하여 주시니 감사합니다.

죄와 허물로 가득한 이 세상, 개인의 욕심과 욕망, 정욕으로 가득찬 이 세상을 바라보면 죽을 수밖에 없는 추악한 모습이지만 하나님의 넘치는 사랑으로 그 큰 뜻을 이루시기 위해 독생자 예수 그리스도를 보내 주신 하나님, 그러나 지금 현실 속 우리의 모습은 예수님을 잊고 산타클로스와 함께 먹고, 마시고 취하며 흥청망청 세상의 열락을 즐기며 성탄의 의미를 퇴색시키고 자신의 향락을 즐기는 날로 변질되어 세상의 명절인 냥 축제인 것처럼 헛된 마음을 가지고 헛되이 보내는 어리석은 삶을 살고 있사오니 우리의 연약한 믿음을 용서하여 주시옵소서.

하나님 아버지! 아직도 예수님을 모르는 많은 사람들이 있고 병들고 굶주리며 헐벗고, 억눌리고, 갇히고, 버림받은 자들과, 주님의 사랑의 손길이 필요한 소외된 자들이 많은 이곳에, 저희들이 그들에 이웃이 되어 예수님 탄생의 기쁜 소식을 전해주어 그들을 위로하고 도우며 그들과 함께 아픔을 나누고 힘이 될 수 있는 선한 사마리아인처럼 그들의 참 이웃, 참 그리스도인이 되게 하여 주시옵소서.

은혜로우신 주님! 예수 그리스도의 탄생을 계기로 우리 심령에 가득한 교만한 마음을 버리고 우리를 오해하고 미워하며 시기, 질투하며 괴롭히는 사람들까지 용서하며 그들을 위해 기도하는 성령 충만한 주님의 자녀가 되기를 원합니다. 처해진 삶의 자리에서 사랑과 평화의 사도처럼 하나님의 사랑을 실천하는 봉사자로, 소외된 이웃을 돌보며 세상에 빛을 발하는 진실한 사람이 되게 하여 주시옵소서.

믿음과 확신을 가지고 찾아왔던 동방 박사들처럼 아기 예수님을 경배하고 황금과 유향과 몰약을 예물로 드리며 경배드린 것처럼 우리들도 의의 길, 진리의 길, 예수님이 걸어가신 십자가의 길을 묵묵히 걸어가는 삶이 되게 하여 주시옵소서.

주님! 지금 이 땅에는 코로나 19 바이러스로 인해 많은 사람들이 힘들고 어려운 시기를 보내고 있습니다. 거리두기 2.5단계에서 3단계로 격상을 하여야 하나 사회 전반에 미치는 파장이 너무 커 상향시키지 못하고 있습니다. 국민 스스로 자신의 생활방역을 잘 지켜서 더 이상의 확산을 방지할 수 있도록 국민 모두가 동참하게 하여 주시옵소서.

오직 하나님만이 세계와 열방 속에 가득찬 코로나 바이러스를 소멸할 수 있음을 믿사오니, 하나님의 은혜로 소멸시켜 주시옵소서.

은혜로우신 하나님! 비록 지금 드려지는 예배가 비대면예배로 각자의 처소에서 드려지고 있지만 우리의 심령만은 예루살렘 성전을 향하여 하루 세 번 기도하였던 다니엘처럼 하나님을 향한 믿음을 가지고 은혜를 사모하며 성전을 향해 하나님 아버지께 온전히 드려지는 예배가 되게 하옵소서.

이 시간 말씀을 증거하시는 목사님, 성도들로 꽉찬 성전이 아닌 텅빈 성전을 향하여 말씀을 선포할 때에 그 말씀에 하나님의 은혜가 인재하는 성령 충만한 말씀이 되어 현장예배와 비대면예배에 동참하는 모든 성도들에게 성탄의 귀한 메시지가 증거되는 놀라운 하나님의 은혜를 경험하는 능력의 말씀으로 임하여 주시옵소서.

지치지 않고 늘 강건하게, 세우신 목회의 일정을 잘 소화하실 수 있도록 은혜를 베풀어 주시옵소서.

이 시간도 예배를 돕는 귀한 손길들이 있습니다. 그들의 헌신과 봉사 덕에 예배가 차질없이 진행되고 있사오니 그들의 손길과 앞날 위에 하나님의 은혜를 더하여 주시옵소서. 예수님 이름으로 기도합니다. 아멘!

부족함이 없게 하려 함이라

인내를 온전히 이루라 이는 너희로 온전하고
구비하여 조금도 부족함이 없게 하려 함이라
야고보서 1:4

Prayer 080

장례기도문
이병윤 시무장로

　인간의 생사화복을 주관하시는 하나님 아버지!
　우리는 이 땅에 태어나서 살다가 하나님이 부르시며 가야만 하는 연약한 인생입니다. 불쌍히 여기시고 이 시간 은혜를 내려 주시옵소서.

　이 시간 저희들은 무겁고 슬픈 마음으로 고 ○○○권사님의 발인 예배를 드리며 권사님과 이 땅에서의 인연을 이별하려고 합니다. 본래 흙으로 빚어진 육체는 땅으로 돌아가고 하나님께로부터 난 영은 다시 하나님께로 돌아간다고 하셨음을 믿습니다. 사랑하는 권사님의 영혼을 받아주시고 하나님의 품 안에서 평안과 안식을 허락하여 주시옵소서.

　우리의 삶과 죽음이 하나님의 계획과 섭리 가운데 있음을 고백하지만, 사랑하는 남편과 자녀들을 남기고 먼저 떠나는 권사님을 생각하며 슬퍼하고 낙심하는 유가족들을 성령님이 위로하시고 평안으로 인도하여 주시옵소서.

　하나님 아버지!
　세월이 흐르면 우리의 기억 속에서도 권사님이 잊혀지고, 또 그렇게 우리는 살아가겠지요. 그렇지만 남편과 자녀들은 아내와 어머니의 빈자리가 크다고 느껴지고 힘든 일이 많을진대 함께 하시는 하나님으로 인해서 빈자리가 채워지고 능히 감당케 되도록 은혜를 내려 주시옵소서.

　권사님과 함께했던 시간이 생각납니다. 함께 예배드리고 친교하고 교회를 섬기며 함께 했던 아름답고 소중했던 감동과 추억들을 기억해 봅니다.

하나님 아버지!
고 ○○○권사님 생의 마지막에 원치 않는 질병으로 인하여 고통 가운데 사셨는데 그 영혼을 불쌍히 여기시고 이제는 질병과 고통과 눈물이 없는 아버지의 품에서 영원한 안식을 누리게 하여 주시옵소서.

발인 예배를 집례하시는 목사님을 성령께서 붙들어 주시고 예배를 통하여 말씀을 전하실 때 하나님의 나라가 모든 사람의 심령에게 강하게 임하게 하여 주시옵소서. 천국과 부활의 소망을 가지고 날마다 살아가겠다고 다짐하는 믿음을 이 자리에 모인 모두에게 주시옵소서.

남은 장례 일정을 위해 수고할 가족들과 친지들에게 함께하사 모든 장례 일정을 형통하고 순조롭게 마치게 하시고 믿음으로 장례식을 시작했사오니 세상 방법이 조금도 없이 온전히 믿음의 방법대로 마치게 하옵소서.

천국에서 다시 만날 날을 소망하며 우리 주 예수 그리스도의 이름으로 기도합니다. 아멘.

내 마음에
두었나이다

내가 주께 범죄치 아니하려 하여
주의 말씀을 내 마음에 두었나이다
시편 119:11

초판인쇄일 _ 2021년 3월 8일
초판발행일 _ 2021년 3월 8일

펴낸이 _ 임경묵
펴낸곳 _ 도서출판 다바르

주소 _ 인천 서구 건지로 242, A동 401호(가좌동)
전화 _ 032) 574-8291

지은이 _ 신철호 목사
인천 계양구 경명대로 1017번길 12 신호등교회

기획 및 편집 _ 장원문화인쇄
인쇄 _ 장원문화인쇄

ISBN 979-11-970294-7-9

저작권자의 허락없이 이 책의 일부 또는 전체를
무단 복제, 전재, 발췌하면 저작권법에 의해 처벌을 받습니다.